傅思明 主编

民法典
实用手册

**MINFADIAN
SHIYONG SHOUCE**

浙江人民出版社

图书在版编目（CIP）数据

民法典实用手册 / 傅思明主编． —杭州：浙江人
民出版社，2022.4
　　ISBN 978-7-213-10532-6

　　Ⅰ．①民… 　Ⅱ．①傅… 　Ⅲ．①民法—法典—中
国—手册 　Ⅳ．① D923.04-62

中国版本图书馆 CIP 数据核字（2022）第041036号

民法典实用手册

傅思明　主编

出版发行：浙江人民出版社（杭州市体育场路 347 号　邮编　310006）
　　　　　市场部电话：（0571）85061682　85176516
责任编辑：陶辰悦　何　婷
责任校对：杨　帆
装帧设计：奇文云海
电脑制版：阳　光
印　　刷：三河市龙大印装有限公司
开　　本：710 毫米 × 1000 毫米　1/16
印　　张：13.5
字　　数：148 千字
版　　次：2022 年 4 月第 1 版
印　　次：2022 年 4 月第 1 次印刷
书　　号：ISBN 978-7-213-10532-6
定　　价：49.00 元

如发现印装质量问题，影响阅读，请与市场部联系调换。

前　言

　　《中华人民共和国民法典》(以下简称民法典)，于 2020 年 5 月 28 日经十三届全国人大三次会议表决通过，自 2021 年 1 月 1 日起正式施行。民法典是新中国成立以来第一部以"法典"命名的法律，开了我国法典编纂立法之先河，在中国特色社会主义法律体系中具有重要地位。

　　民法典共分为七编，分别是总则编、物权编、合同编、人格权编、婚姻家庭编、继承编、侵权责任编，后殿附则。民法典调整两大社会关系即人身关系和财产关系，一方面，充分保护公民的人身权、人格权，另一方面，强化对财产权的保护。为此，民法典开出了需要保障的"权利清单"，实现好、维护好、发展好这些权利，使人民群众享有更多更直接更实在的获得感、幸福感和安全感，是对党和政府提出的实实在在的要求，也是对领导干部提出的实实在在的要求。

　　民法典系统整合了新中国成立 70 多年来长期实践形成的民事法律规范，汲取了中华民族 5000 多年的优秀法律文化，借鉴了人类法治文明建设的有益成果，是一部体现我国社会主义性质、符合人民利益和愿望、顺应时代发展要求的民法典，是一部体现对生命健康、财产安全、交易便利、生活幸福、人格尊严等各方面权利平等保护的民法典，是一部具有鲜明中国特色、实践特色、时代特色的民法典。

　　"立善法于天下，则天下治；立善法于一国，则一国治。"编纂一部增进人民福祉、回应时代之问、彰显民族精神的中国特色社会主义民法典，必将为广大人民群众过上更美好的生活提供有力的法律支撑，为新时代坚持和完善中国特色社会主义制度、实现"两个一百年"奋斗目标、实现中华民族伟大复兴中国梦提供完备的民事法治保障。

民法典问世，意味着我们国家形成了完备的民事权利体系、规范的民事行为准则、完善的权利保护机制和有效的权利救济规则。2020年5月29日，习近平总书记在中共中央政治局就"切实实施民法典"举行第二十次集体学习时指出，各级党和国家机关要带头宣传、推进、保障民法典实施，加强检查和监督，确保民法典得到全面有效执行。各级领导干部要做学习、遵守、维护民法典的表率，提高运用民法典维护人民权益、化解矛盾纠纷、促进社会和谐稳定能力和水平。为深入学习习近平法治思想，推进全面普法、全民普法，2021年6月，中共中央、国务院转发《中央宣传部、司法部关于开展法治宣传教育的第八个五年规划（2021—2025年）》。《规划》明确普法重点内容，要求"突出宣传民法典"，推动各级党和国家机关带头学习宣传民法典，推动领导干部做学习、遵守、维护民法典的表率，提高运用民法典维护人民权益、化解矛盾纠纷、促进社会和谐稳定的能力和水平，让民法典走到群众身边、走进群众心里。

民法典的生命在于实施，民法典的权威也在于实施。民法典实施水平和效果，是衡量各级党政机关履行为人民服务宗旨的重要尺度。各级党和国家机关要带头宣传、推进、保障民法典实施，加强检查和监督，确保民法典得到全面有效执行。党员干部要顺应时代要求，带头学习民法典，努力做法治型的党员干部。

要实施好民法典，就必须让民法典走到群众身边、走进群众心里。要广泛开展民法典普法工作，引导群众认识到民法典既是保护自身权益的法典，也是全体社会成员都必须遵循的规范。这就需要普法人员不仅要尊崇民法典、学习民法典、遵守民法典、运用民法典，而且要切实肩负起普法宣传的责任，深入基层、深入群众，利用各种时机、各种场合，宣讲民法典、普及民法知识。要向群众讲清楚，实施好民法典是坚持以人民为中心、保障人民权益实现和发展的必然要求；向群众讲清楚，实施好民法典是发展社会主义市场经济、巩固社会主义基本经济制度的必然要求；向群众讲清楚，实施好民法典是提高我们党治国理政水平的必然要求。总之，要带领群众一道尊法学法守法用法。

民法典是每个人日常生活的法律"百科全书"，是公民民事权利的"宣言书"，有1260条10万多字。本书紧密结合民众日常生活需要，针对广大读者在工作和生活中经常接触的民事活动，选取普通人需要了解的一些民法典重要制度进行解读，化繁为简，让读者在学习民法典的过程中，掌握民法典的基本内容、基本知识。对于中国公民来说，学习、掌握和运用民法典的基本内容和基本知识，不仅关系到依法维护自身的合法权益，而且对建设法治国家和法治社会意义重大而深远。

目　录

第三章 | 物 权

第四章 | 合 同

第五章 | 人格权

第六章 | **婚姻家庭**

第七章 | **继 承**

第八章 | 侵权责任

第九章 | 附　则

第一章

民法典的诞生

MINFADIAN DE DANSHENG

我国民法典是"社会生活的百科全书",是社会主义市场经济的基本法,是民事权利保护的宣言书,是新中国民事立法的集大成者。它的颁布实施必将对我国法治国家、法治政府、法治社会建设带来更积极、更全面的影响,也会为新时代坚持和完善中国特色社会主义制度,推进国家治理体系和治理能力现代化,实现人民群众美好幸福生活提供充分的法律保障。2020 年 5 月 29 日,中共中央政治局就"切实实施民法典"举行了集体学习,习近平总书记在主持学习时发表的重要讲话中强调,《中华人民共和国民法典》是新中国成立以来第一部以"法典"命名的法律,是新时代我国社会主义法治建设的重大成果,是一部固根本、稳预期、利长远的基础性法律,对推进全面依法治国、加快建设社会主义法治国家,对发展社会主义市场经济、巩固社会主义基本经济制度,对坚持以人民为中心的发展思想、依法维护人民权益、推动我国人权事业发展,对推进国家治理体系和治理能力现代化,都具有重大意义。

━ 1 ━
《中华人民共和国民法典》是如何诞生的?

编纂一部真正属于中国人民的民法典,是新中国几代人的夙愿。党和国家曾于 1954 年、1962 年、1979 年和 2001 年先后四次启动民法制定工作。第一次和第二次，由于多种原因而未能取得实际成果。1979 年第三次启动，由于刚刚进入改革开放新时期，制定一部完整民法典的条件尚不具备。因此，当时领导全国人大法制委员会立法工作的彭真、习仲勋等同志深入研究后，在 20 世纪 80 年代初决定按照"成熟一个通过一个"的工作思路，确定先制定民事单行法律。继承法、民法通则、担保法、合同法就是在这种工作思路下先后制定的。2001 年，九届全国人大常委会组织起草了《中华人民共和国民法（草案）》，并于 2002 年 12 月进行了一次审议。经讨论和研究，确定继续采取分别制定民事单行法的办法推进我国民事法律制度建设。2003 年十届全国人大以来，又陆续制定了物权法、侵权责任法、涉外民事关系法律适用法等。总的来看，经过多年的努力，我国民事立法富有成效，逐步形成了比较完备的民事法律规范体系，民事司法实践积累了丰富经验，民事法律服务取得显著进步，民法理论研究也达到较高水平，全社会民事法治观念普遍增强，为编纂民法典奠定了良好的制度基础、实践基础、理论基础和社会基础。

以习近平同志为核心的党中央高度重视民法典的编纂工作，将编纂民法典列入党中央重要工作议程，并对编纂民法典的工作任务作出总体部署、提出明确要求。2014 年 10 月，党的十八届四中全会通过了《中共中央关于全面推进依法治国若干重大问题的决定》，提出加强重点领域立法，编纂民法典的立法任务。为做好民法典编纂工作，全国人大常委会党组多次向党中央请示和报告，就民法典编纂工作的总体考虑、工作步骤、体例结构等重大问题进行汇报。在民法典编纂过程中，2016 年 6 月、2018 年 8 月、2019 年 12 月，习近平总书记三次主持中共中央政治局常委会会议，听取全国人大常委会党组就民法典编纂工作所作的请示汇报并作出重要指示，为编纂民法典提供了重要指导和基本遵循。

2020 年 5 月 28 日，《中华人民共和国民法典》诞生。这是新中国成立以来第一部以"法典"命名的法律，是新时代我国社会主义法治建设的重大成果，是一部固根本、稳预期、利长远的基础性法典。民法典分七编及附则，共 1260 条，各编依次为总则、物权、合同、人格权、婚姻家庭、继承、侵权责任，为人民群众的生命健康、财产安全、交易便利、生活幸福、人格尊严等各方面权利提供了全方位保护。民法典是中国特色社会主义法律体系的重要组成部分，也是中国特色社会主义制度的重要内容。我国此次编纂的民法典，集中体现了中国特色社会主义法律制度成果和制度自信，对于完善中国特色社会主义法律体系，以法治方式推进国家治理体系和治理能力现代化，切实维护最广大人民的根本利益，促进和保障中国特色社会主义事业具有重大的现实意义和深远的历史意义。

— 2 —
编纂民法典的指导思想和基本原则是什么？

编纂民法典的指导思想是：高举中国特色社会主义伟大旗帜，以马克思列宁主义、毛泽东思想、邓小平理论、"三个代表"重要思想、科学发展观、习近平新时代中国特色社会主义思想为指导，增强"四个意识"，坚定"四个自信"，做到"两个维护"，全面贯彻党的十八大、十九大和有关中央全会精神，坚持党的领导、人民当家作主、依法治国有机统一，紧紧围绕统筹推进"五位一体"总体布局和协调推进"四个全面"战略布局，紧紧围绕建设中国特色社会主义法治体系、建设社会主义法治国家，总结实践经验，适应时代要求，对我国现行的、制定于不同时期的民法通则、物权法、合同法、担保法、婚姻法、收养法、继承法、侵权责任法和人格权方面的民事法律规范进行全面系统的编订纂修，形成一部具有中国特色、体现时代特点、反映人民意愿的民法典，为新时代坚持和完善中国特色社会主义制度、实现"两个一百年"奋斗目标、实现中华民族伟大复兴中国梦提供完备的民事法治保障。

贯彻上述指导思想，切实做好民法典编纂工作，必须遵循和体现以下基本原则。

第一，坚持正确政治方向，全面贯彻习近平总书记全面依法治国新理念新思想新战略，坚决贯彻党中央的决策部署，坚持服务党和国家工作大局，充分发挥民法典在坚持和完善中国特色社会主义制度、推进国家治理体系和治理能力现代化中的重要作用。

第二，坚持以人民为中心，以保护民事权利为出发点和落脚点，切实回应人民的法治需求，更好地满足人民日益增长的美好生活需要，充分实现好、维护好、发展好最广大人民的根本利益，使民法典成为新时代保护人民民事权利的好法典。

第三，坚持立足国情和实际，全面总结我国改革开放40多年来民事立法和实践经验，以法典化方式巩固、确认和发展民事法治建设成果，以实践需求指引立法方向，提高民事法律制度的针对性、有效性、适应性，发挥法治的引领、规范、保障作用。

第四，坚持依法治国与以德治国相结合，注重将社会主义核心价值观融入民事法律规范，大力弘扬传统美德和社会公德，强化规则意识，倡导契约精神，维护公序良俗。

第五，坚持科学立法、民主立法、依法立法，不断增强民事法律规范的系统性、完整性，既保持民事法律制度的连续性、稳定性，又保持适度的前瞻性、开放性，同时处理好、衔接好法典化民事法律制度下各类规范之间的关系。

— 3 —
编纂民法典有何重大意义？

编纂民法典是党的十八届四中全会确定的一项重大政治任务和立法任务，是以习近平同志为核心的党中央作出的重大法治建设部署。这是一项系统的、重大的立法工程。在坚持和完善中国特色社会主义制度、推进国家治理体系和治理能力现代化的新征程中，编纂民法典具有重大而深远的意义。

（1）编纂民法典是坚持和完善中国特色社会主义制度的现实需要

回顾人类文明史，编纂法典是具有重要标志意义的法治建设工程，是一个国家、一个民族走向繁荣强盛的象征和标志。我国民事法律制度正是伴随着新时期改革开放和社会主义现代化建设的历史进程而形成并不断发展完善的，是中国特色社会主义法律制度的重要组成部分。在系统总结制度建设成果和实践经验的基础上，编纂一部具有中国特色、体现时代特点、反映人民意愿的民法典，不仅能充分彰显中国特色社会主义法律制度成果和制度自信，促进和保障中国特色社会主义事业不断发展，也能为人类法治文明的发展进步贡献中国智慧和中国方案。

（2）编纂民法典是推进全面依法治国、推进国家治理体系和治理能力现代化的重大举措

民法是中国特色社会主义法律体系的重要组成部分，是民事领域的基础性、综合性法律。它规范各类民事主体的各种人身关系和财产关系，涉及社会和经济生活的方方面面，被称为"社会生活的百科全书"。建立健全完备的法律规范体系，以良法保障善治，是全面依法治国的前提和基础。民法通过确立民事主体、民事权利、民事法律行为、民事责任等民事总则制度，确立物权、合同、人格权、婚姻家庭、继承、侵权责任等民事分则制度，来调整各类民事关系。民法与国家其他领域法律规范一起，支撑着国家制度和国家治理体系，是保证国家制度和国家治理体系正常有效运行的基础性法律规范。编纂民法典，就是全面总结我国的民事立法和司法的实践经验，对现行民事单行法律进行系统编订纂修，将相关民事法律规范编纂成一部综合性法典，不断健全完善中国特色社会主义法律体系。这对于以法治方式推进国家治理体系和治理能力现代化，更好地发挥法治固根本、稳预期、利长远的保障作用，具有重要意义。

（3）编纂民法典是坚持和完善社会主义基本经济制度、推动经济高质量发展的客观要求

公有制为主体、多种所有制经济共同发展，按劳分配为主体、

多种分配方式并存，社会主义市场经济体制等社会主义基本经济制度，是以法治为基础、在法治轨道上运行、受法治规则调整的经济制度，社会主义市场经济本质上是法治经济。我国民事主体制度中的法人制度，规范民事活动的民事法律行为制度、代理制度，调整各类财产关系的物权制度，调整各类交易关系的合同制度，保护和救济民事权益的侵权责任制度，都是坚持和完善社会主义基本经济制度不可或缺的法律制度规范和行为规则。编纂民法典，进一步完善我国民商事领域基本法律制度和行为规则，为各类民商事活动提供基本遵循，有利于充分调动民事主体的积极性和创造性、维护交易安全、维护市场秩序，有利于营造各种所有制主体依法平等使用资源要素、公开公平公正参与竞争、同等受到法律保护的市场环境，推动经济高质量发展。

（4）编纂民法典是增进人民福祉、维护最广大人民根本利益的必然要求

中国特色社会主义法治建设的根本目的是保障人民权益。中国特色社会主义进入新时代，随着我国社会主要矛盾的变化，随着经济发展和国民财富的不断积累，随着信息化和大数据时代的到来，人民群众在民主、法治、公平、正义、安全、环境等方面的要求日益增长，希望对权利的保护更加充分、更加有效。党的十九大明确提出，要保护人民人身权、财产权、人格权。而现行民事立法中的有些规范已经滞后，难以适应人民日益增长的美好生活需要。编纂民法典，健全和充实民事权利种类，形成更加完备的民事权利体系，完善权利保护和救济规则，形成规范有效的权利保护机制，对于更好地维护人民权益，

不断增加人民群众获得感、幸福感和安全感，促进人的全面发展，具有十分重要的意义。

— **4** —

民法典的基本框架是如何设计的？

民法典问世，意味着我们国家形成了完备的民事权利体系、规范的民事行为准则、完善的权利保护机制和有效的权利救济规则。民法典作为社会主义市场经济的基本法，社会生活的百科全书，是实现人民群众美好幸福生活的法律保障。民法典分为七编和附则，共 1260 条 10 万多字，分别是总则编、物权编、合同编、人格权编、婚姻家庭编、继承编、侵权责任编，以及附则。民法典体系完整，具有非常严谨的逻辑体系，整部民法典都是围绕着民事权利的确认和保护展开的。各编之间的关系是：总则编规定的是有关民事活动必须遵循的基本原则和一般性规则，包括民事权利主体、客体与民事权利行使、保护的基本规则等。第二编至第六编围绕不同民事权利展开，其中，物权编规定的是对物权的确认和保护，合同编规定的是对合同债权的确认和保护，人格权编规定的是对人格权的确认和保护，婚姻家庭编规定的是对有关婚姻家庭中的人身权利的确认和保护，继承编规定的是对继承权的确认和保护，侵权责任编则是对所有侵害上述民事权利所应当承担的侵权责任作出规定。所以，民法典围绕从权利到责任和救济的思路展开，以民事权利的确认和保护作为一条红线，将各编贯串起来，体系严谨、设计科学。

全面确认和保护公民的民事权利，是民法典的首要立法目的。民法典以民事权利的保障为核心，围绕着民事权利的确认和保护展开。具体表现在以下几个方面。

第一，民法典总则编规定了民事活动必须遵循的基本原则和一般性规则。总则编提纲挈领，通过抽象民事领域的共通性规范，构建了民事权利体系，并为各分编的展开奠定了基础。

第二，民法典物权编以"权"为名，调整因物的归属和利用而产生的民事关系。物权编强调对物权的平等保护，鼓励社会成员积极创造财富、积累财富并最终达到共同富裕。民法典进一步完善了业主的建筑物区分所有权制度，强化业主的权利、增加不动产收益的权利、强化动产登记效力、降低公共维修资金使用门槛；明确住宅建设用地等土地使用权到期后续期；落实承包地"三权分置"；增加"居住权"的规定，认可和保护民事主体对住房灵活安排。完善私有产权保护制度，真正实现"有恒产者有恒心"，可以为经济社会持续健康发展提供法律保障。

第三，民法典合同编的编名中虽未冠以"权"字，但主体内容是合同债权及不当得利、无因管理债权，合同编充分体现契约自由、诚实守信原则。合同是进行市场交易的主要形式，是民事主体实现意思自治的重要工具，是优化营商环境的重要方式，是促进社会主义市场经济健康有序发展的重要保障，更是推进国家治理体系和治理能力现代化的重要手段。合同编结合我国实际，在合同法规定的 15 类典型合同基础上，删除了居间合同，增加了保证合同、合伙合同、保理合同、中介合同和物业服务合同。坚持合同自愿，兼顾公平、诚信、生态环境保护等多元价值。增加强制缔约制度；完善格式条款制度，防范霸王条款；赋予承租人优先承租权；落实"绿色原则"，体现生态环保理念；增加关于电子合同的特殊规则；增加预约合同制度；完善客运合同的相关规定；规范民间借贷；进一步限制合同无效或者不生效的情形；进一步完善防范违约、保障债权的规定。

第四，民法典人格权编以"权"为名，规定了民事主体最基本的权利。人格权编坚持以人为本，尊重人格尊严。人格权独立成编彰显了新时代对人格权的重视，突出对人的生命权、健康权、名誉权、隐私权、个人信息等重要权益的保护。同时规定人体基因、人体胚胎等研究活动不得危害人体健康、违背伦理道德等，强调对人的尊严和人的自由要充分尊重和保护，维护每个中国人向往美好生活的权利。

第五，民法典婚姻家庭编的主要内容为身份权和财产权，规范了夫妻关系和家庭关系的基本准则。婚姻家庭编坚持婚姻自由、一夫一妻、男女平等，致力于建立和维护和谐的婚姻家庭关系。民法典完善了婚姻、收养制度，促进家庭关系和谐稳定；大力弘扬夫妻互敬、孝老爱亲、家庭和睦的中华民族传统家庭美德；增加离婚冷静期、规范亲子关系确认之诉、完善夫妻共同债务等相关规定；增加家庭文明建设规定，加强家庭文明建设，从法律制度层面进一步弘扬家庭美德，维护平等、和睦、文明的婚姻家庭关系。

第六，民法典继承编的主要内容为身份权和财产权，规定了自然人死亡后财富传承的基本规则。继承编反映人民心声，聚焦民生热点问题。一是扩大了财产范围。原继承法对于可以继承的财产，采用列举的立法模式，难以涵盖社会生活中的各种新型财产。民法典继承编对于可以继承的财产，采取了负面清单的立法模式，只要法律不禁止，均可继承。二是扩大了法定继承人范围。胎儿也可以继承遗产或者接受赠与。胎儿娩出时是死体的，保留的份额按照法定继承办理。三是增加了代位继承的适用范围，修改了丧失继承权的情况。新增对继承人宽恕制度，填补立法空白。四是增加规定了打印遗嘱、录像遗嘱等新的遗嘱形式，满足了人民群众处理遗产的现实需要。五是删除了公证遗嘱效力优先规定，更加充分尊重遗嘱人意愿。六是增加规定了遗产管理人制度，明确了遗产管理人应当履行清理遗产并制作遗产清单、采取必要措施防止遗产毁损、处理被继承人的债权债务、按照遗嘱或者依照法律规定分割遗产、实施与管理遗产有关的其他必要行为等职责。

第七，民法典侵权责任编规定的是侵权应当承担的法律后果。侵权责任编兼顾多元价值平衡，完善民事责任制度，加强对人身和财产损害的救济。现代社会是风险社会，人身和财产损害的救济问题日益成为社会关注的焦点。民法典增设"好意同乘"、共同饮酒人责任、自甘风险规则、自助行为等内容，明确了知识产权惩罚性赔偿、高空抛物侵权责任，放宽了精神损害赔偿适用的条件，回应了"霸座"等社会热点问题，通过具体的制度设计，推动构建和谐、诚信、友善的社会环境。

═ 5 ═
民法典的时代特色和制度创新主要有哪些?

习近平总书记指出："每一种法治形态背后都有一套政治理论，每一种法治模式当中都有一种政治逻辑，每一条法治道路底下都有一种政治立场。"法学具有鲜明的政治属性，没有离开意识形态指导、纯粹为编纂民法典而编纂的民法典。我国的民法典具有社会主义本质属性，它是在中国共产党的领导下编纂的，以中国特色社会主义法治理论为指导，为了人民、依靠人民、服务人民、保护人民的理念贯穿始终，彰显出鲜明的中国特色、中国风格、中国气派。

（1）民法典适应了维护社会主义基本经济制度的需要

我国民法典是中国特色社会主义的民法典，必须以宪法为依据，维护社会主义基本经济制度，体现社会主义的本质特征和基本要求。我国实行以公有制为主体、多种所有制经济共同发展，按劳分配为主体、多种分配方式并存的制度，同时实行社会主义市场经济体制。如何实现公有制与市场经济的有机结合，是人类历史上前所未有的新问题。党的十九届四中全会通过的《中共中央关于坚持和完善中国特色社会主义制度　推进国家治理体系和治理能力现代化若干重大问题的决定》指出，"公有制为主体、多种所有制经济共同发展，按劳分配为主体、多种分配方式并存，社会主义市场经济体制等社会主义基本经济制度，既体现了社会主义制度优越性，又同我国社会主义初级阶段社会生产力发展水平相适应，是党和人民的伟大创造"。这是一个重大理论创新。多年来，我们把公有制为主体、多种所有制经济共同发展作为基本经济制度。党的十九届四中全会在此基础上，把按劳分配为主体、多种分配方式并存，社会主义市场经济体制上升为基本经济制度。这三项制度，都是社会主义基本经济制度，三者相互联系、相互支撑、相互促进。这一理论创新，标志着我国社会主义经济制度更加成熟、更加定型，对于更好发挥社会主义制度优越性，解放和发展社会生产力，推动经济高质量发展具有重要的指导意义。

为贯彻党的十九届四中全会精神，维护社会主义基本经济制度，我国民法典设置了一系列与之相适应的具体规则，确保基本经济制度的落实与巩固，并促进公有制与市场经济的融合发展。民法典第二百零六条明确规定："国家坚持和完善公有制为主体、多种所有制经济共同发展，按劳分配为主体、多种分配方式并存，社会主义市场经济体制等社会主义基本经济制度。国家巩固和发展公有制经济，鼓励、支持和引导非公有制经济的发展。国家实行社会主义市场经济，保障一切市场主体的平等法律地位和发展权利。"

（2）民法典适应了弘扬社会主义核心价值观的需要

民法典第一条开宗明义地将弘扬社会主义核心价值观作为民法典编纂的宗旨之一，明确规定："为了保护民事主体的合法权益，调整民事关系，维护社会和经济秩序，适应中国特色社会主义发展要求，弘扬社会主义核心价值观，根据宪法，制定本法。"

社会主义核心价值观包括富强、民主、文明、和谐，自由、平等、公正、法治，爱国、敬业、诚信、友善。2012 年，党的十八大将社会主义核心价值体系的内容和实质进行了高度凝练及抽象概括，提出了以"三个倡导"为主要内容的社会主义核心价值观，即"倡导富强、民主、文明、和谐，倡导自由、平等、公正、法治，倡导爱国、敬业、诚信、友善，积极培育和践行社会主义核心价值观"。富强、民主、文明、和谐是国家层面的价值目标，自由、平等、公正、法治是社会层面的价值取向，爱国、敬业、诚信、友善是公民个人层面的价值准则，这 24 个字是社会主义核心价值观的基本内容。

　　"富强、民主、文明、和谐"，是我国社会主义现代化国家的建设目标，也是从价值目标层面对社会主义核心价值观基本理念的凝练，在社会主义核心价值观中居于最高层次，对其他层次的价值理念具有统领作用。富强即民富国强，是社会主义现代化国家经济建设的应然状态，是中华民族梦寐以求的美好夙愿，也是国家繁荣昌盛、人民幸福安康的物质基础。民主是人类社会的美好诉求。我们追求的民主是人民民主，其实质和核心是人民当家作主。它是社会主义的生命，也是创造人民美好幸福生活的政治保障。文明是社会进步的重要标志，也是社会主义现代化国家的重要特征。和谐是中国传统文化的基本理念，集中体现了学有所教、劳有所得、病有所医、老有所养、住有所居的生动局面。它是社会主义现代化国家在社会建设领域的价值诉求，是经济社会和谐稳定、持续健康发展的重要保证。

　　"自由、平等、公正、法治"，是对美好社会的生动表述，也是从社会层面对社会主义核心价值观基本理念的凝练。它反映了中国特色社会主义的基本属性，是我们党矢志不渝、长期实践的核心价值理念。自由是指人民在社会主义制度约束下的自由，是人类社会的美好向往，也是马克思主义追求的社会价值目标。平等指的是公民在法律面前的一律平等，其价值取向是不断实现实质平等。它要求尊重和保障人权，人人依法享有平等参与、平等发展的权利。公正即社会公平和正义，它以人的解放、人的自由平等权利的获得为前提，是国家、社会应然的根本价值理念。法治是治国理政的基本方式，依法治国是社会主义民主政治的基本要求。它通过法治建设来维护和保障公民的根本利益，是实现自由平等、公平正义的制度保证。

　　"爱国、敬业、诚信、友善"，是公民基本道德规范，是从个人行为层面对社会主义核心价值观基本理念的凝练。它覆盖社会道德生活的各个领域，是公民必须恪守的基本道德准则，也是评价公民道德行为选择的基本价值标准。爱国是基于个人对自己祖国依赖关系的深厚情感，也是调节个人与祖国关系的行为准则。它同社会主义紧密结合在一起，要求人们以振兴中华为己任，促进民族团结、维护祖国统一、自觉报效祖国。敬业是对公民职业行为准则的价值评价，要求公民忠于职守，克己奉公，服务人民，服务社会，充分体现了社会主义职业精神。诚信即诚实守信，是人类社会千百年传承下来的道德传统，也是社会主义道德建设的重点内容，强调诚实劳动、信守承诺、诚恳待人。友善强调公民之间应互相尊重、互相关心、互相帮助，和睦友好，努力形成社会主义的新型人际关系。

习近平总书记指出，社会主义核心价值体系和核心价值观内在一致，都体现了社会主义意识形态的本质要求，体现了社会主义制度在思想和精神层面的质的规定性，凝结着社会主义先进文化的精髓，是中国特色社会主义道路、理论体系和制度的价值表达。

在培育和践行社会主义核心价值观的路径选择上，制度保障更具有强化力量。2016 年，中共中央办公厅、国务院办公厅联合印发《关于进一步把社会主义核心价值观融入法治建设的指导意见》，提出了将社会主义核心价值观融入法治建设的顶层设计，确立了运用法治推动社会主义核心价值观建设的基本方略。2017 年 3 月 15 日，作为中国民法典总纲的民法总则颁布，社会主义核心价值观作为立法宗旨被写入第一条，成为中国民法典编纂的灵魂和导向。党的十九大报告对社会主义核心价值体系、社会主义核心价值观作了重要论述，将社会主义核心价值体系纳入新时代中国特色社会主义思想和基本方略，提出了包括制度保障在内的培育和践行社会主义核心价值观的方法和途径。中共中央印发的《社会主义核心价值观融入法治建设立法修法规划》强调，力争经过5—10年时间，推动社会主义核心价值观全面融入中国特色社会主义法律体系。

社会主义核心价值观在民法典中得到了充分体现，从民法典的立法目的到法律原则再到具体条文，民法典浸润了社会主义核心价值观的要求，承载着引导规范人们践行社会主义核心价值观的重要使命。例如，民法典第一千零四十三条规定："家庭应当树立优良家风，弘扬家庭美德，重视家庭文明建设。夫妻应当互相忠实，互相尊重，互相关爱；家庭成员应当敬老爱幼，互相帮助，维护平等、和睦、文明的婚姻家庭关系。"这一规定弘扬了家庭和睦、敬老爱幼等中华民族传统美德。民法典第一千一百二十九条规定："丧偶儿媳对公婆，丧偶女婿对岳父母，尽了主要赡养义务的，作为第一顺序继承人。"同时，第一千一百三十一条规定："对继承人以外的依靠被继承人扶养的人，或者继承人以外的对被继承人扶养较多的人，可以分给适当的遗产。"这些规定表明，民法典在法定继承中确定继承人的范围和分配遗产时，并不是完全以血缘关系为基础，而是提倡家庭成员的相互扶养、帮助，这也体现了中华民族的传统美德。又如，民法典第一百八十三条规定："因保护他人民事权益使自己受到损害的，由侵权人承担民事责任，受益人可以给予适当补偿。没有侵权人、侵权人逃逸或者无力承担民事责任，受害人请求补偿的，受益人应当给予适当补偿。"这是关于保护他人民事权益使自己受到损害时的责任与补偿办法的规定，鼓励和保护了见义勇为行为，免除了人们在保护他人时的顾虑，有利于形成互相帮助、扶正扬善、扶危济困的社会氛围。民法典第一百八十四条规定："因自愿实施紧急救助行为造成受助人损害的，救助人不承担民事责任。"第一千零五条规定："自然人的生命权、身体权、健康权受到侵害或者处于其他危难情形的，负有法定救助义务的组织或者个人应当及时施救。"这些规定倡导互助互爱、守望相助，都是社会主义核心价值观的直接体现。再如，民法典第七条规定："民事主体从事民事活动，应当遵循诚信原则，秉持诚实，恪守承诺。"这一原则规定强化了遵守诺言、诚实守信的中华民族传统道德准则，而且将其贯彻在每一编中，努力构建以诚信为基础的社会主义市场经济秩序。

（3）民法典回应了科技发展提出的新问题

21世纪是一个互联网、高科技时代，互联网深刻地改变了我们的生活方式、生产方式。在互联网、高科技时代，法律遇到的最严峻的挑战，就是怎么强化对个人隐私和个人信息的保护。而这也正是民法典独立设置人格权编的原因，即全面地回应时代的要求。例如，针对人脸识别技术、语音识别技术、图像声音处理技术等科技的发展，民法典人格权编专门规定禁止深度伪造，第一千零一十九条第一款规定："任何组织或者个人不得以丑化、污损，或者利用信息技术手段伪造等方式侵害他人的肖像权。"通过立法的方式对深度伪造行为予以禁止，防止自然人的肖像权遭受信息技术手段的侵害。民法典之所以专门规定禁止深度伪造，禁止使用AI换脸技术，实际上就是在回应人工智能的发展给肖像权、隐私权带来的挑战。

在大数据时代，数据是信息的表现形式和载体，被誉为"信息文明时代的能源"，足可比肩甚至远远超越工业文明阶段的煤炭和石油。但与农业文明和工业文明背景下的财产不同，数据这类新型财产，一方面，总量不断增加，而且没有上限，易复制，可共享；另一方面，在平台经济背景下，数据价值的创造是各方共同参与、持续互动与合作的产物。中共中央、国务院于 2020 年 4 月 9 日发布的《关于构建更加完善的要素市场化配置体制机制的意见》明确提出要加快"研究根据数据性质完善产权性质"。民法典总则编明确肯定了数据和网络虚拟财产的民事客体地位和财产属性，第一百二十七条规定："法律对数据、网络虚拟财产的保护有规定的，依照其规定。"这一规定为推动未来在数据领域形成更多、更高程度的法律共识提供了依据。

就信息文明时代大数据背景下个人信息的保护问题，民法典总则编强调自然人的个人信息受法律保护，任何组织或者个人需要获取他人个人信息的，应当依法取得并确保信息安全，不得非法收集、使用、加工、传输他人个人信息，不得非法买卖、提供或者公开他人个人信息。在合同编，对当事人通过互联网等信息网络订立合同以及合同履行设置专门的法律规则，明确认可在当事人未作特别约定的情形下，当事人一方通过互联网等信息网络发布的商品或者服务信息符合要约条件的，对方选择该商品或者服务并提交订单成功时合同成立。在侵权责任编，对网络侵权作出了更为周全的规定，强调网络用户利用网络服务实施侵权行为的，权利人有权通知网络服务提供者采取删除、屏蔽、断开链接等必要措施，通知应当包括构成侵权的初步证据及权利人的真实身份信息。

（4）民法典回应了风险社会的时代需要

我们所处的是一个风险社会，科技和经济的发展在给我们带来福祉的同时，也使得风险无处不在。民法典回应风险时代中，应当如何为受害人提供救济以弥补损害的问题。侵权责任独立成编，就是体现风险社会的需要，强化在风险社会对受害人的保护，对不法行为人的制裁。例如，高空抛物致人损害，给人民群众的人身财产安全造成侵害，且往往难以确定具体侵权人。为保障人民群众的人身财产安全，民法典对侵权责任法和最高人民法院《关于依法妥善审理高空抛物、坠物案件的意见》中的有关规定进行了重大的修改、完善。首先，民法典明确指出每个人都负有不得从建筑物抛掷物品的责任。其次，发生高空抛物致人损害的事件之后，明确规定公安等机关应及时查清责任人。再次，物业要承担起责任，物业服务企业等建筑物管理人应采取必要的安全保障措施对高空抛物、坠物风险进行防范，否则依法承担未履行安全保障义务的侵权责任。最后，如果实在无法找到加害人，才由可能加害的建筑物使用人承担适当的补偿责任。

民法典针对瞬息万变的经济、法律和政策环境，在合同编增加了情势变更制度。民法典第五百三十三条规定："合同成立后，合同的基础条件发生了当事人在订立合同时无法预见的、不属于商业风险的重大变化，继续履行合同对于当事人一方明显不公平的，受不利影响的当事人可以与对方重新协商；在合理期限内协商不成的，当事人可以请求人民法院或者仲裁机构变更或者解除合同。人民法院或者仲裁机构应当结合案件的实际情况，根据公平原则变更或者解除合同。"根据这一规定，合同依法成立后，客观情况发生了无法预见的重大变化，致使原来订立合同的基础丧失或者动摇，如继续履行合同，则对一方当事人明显不公平，应允许变更或者解除合同以维持当事人之间的公平，化解由此带来的风险问题。

2020 年初暴发的新冠肺炎疫情，对我国是一场"大考"，是一场人民战争、总体战、阻击战，也是法律之战。疫情发生以来，全国人大常委会认真学习贯彻习近平总书记重要讲话精神和党中央决策部署，结合民法典编纂工作，对与疫情相关的制度进行梳理和研究，对民法典草案又作了有针对性的修改、补充。民法典第三十四条第四款规定："因发生突发事件等紧急情况，监护人暂时无法履行监护职责，被监护人的生活处于无人照料状态的，被监护人住所地的居民委员会、村民委员会或者民政部门应当为被监护人安排必要的临时生活照料措施。"这是结合疫情防控中需隔离或诊治的新冠肺炎确诊病例、疑似病例和密切接触者的情况，强调了居民委员会、村民委员会或者民政部门在特殊时期的法律责任。

同样是结合疫情防控工作的需要，民法典将"疫情防控"列入了征用组织、个人不动产和动产的事由，明确了有关物业服务企业或其他管理人应当执行政府依法实施的应急处置措施和其他管理措施以及业主应当依法予以配合的规定。民法典第二百四十五条规定："因抢险救灾、疫情防控等紧急需要，依照法律规定的权限和程序可以征用组织、个人的不动产或者动产。被征用的不动产或者动产使用后，应当返还被征用人。组织、个人的不动产或者动产被征用或者征用后毁损、灭失的，应当给予补偿。"第二百八十五条第二款规定："物业服务企业或者其他管理人应当执行政府依法实施的应急处置措施和其他管理措施，积极配合开展相关工作。"第二百八十六条第一款规定："对于物业服务企业或者其他管理人执行政府依法实施的应急处置措施和其他管理措施，业主应当依法予以配合。"

此外，民法典在合同编增写新的规定，国家因抢险救灾、疫情防控或其他需要下达国家订货任务、指令性计划，有关民事主体有义务订立合同。第四百九十四条规定:"国家根据抢险救灾、疫情防控或者其他需要下达国家订货任务、指令性任务的,有关民事主体之间应当依照有关法律、行政法规规定的权利和义务订立合同。依照法律、行政法规的规定负有发出要约义务的当事人,应当及时发出合理的要约。依照法律、行政法规的规定负有作出承诺义务的当事人,不得拒绝对方合理的订立合同要求。"

以上这些结合疫情防控工作进行完善的法律规定,不仅有利于新冠肺炎疫情防控工作的高效顺利开展,也为今后防范化解相关风险提供了法律保障。

(5)民法典回应了资源环境恶化带来的环境生态保护的时代需求

21世纪是一个面临严重的生态危机的时代,生态环境日益恶劣,使得人类的生存与发展环境不断受到严峻挑战。党的十八大报告将生态文明建设提升到前所未有的战略高度,纳入"五位一体"总体布局,并提出了"建设美丽中国"目标。在新发展理念中,"绿色"是其中之一。绿色发展理念已成为我国普遍的价值认同。党的十九届四中全会提出,坚持和完善生态文明制度体系,促进人与自然和谐共生。民法典用了多个条款回应这个时代需求。

第一,将绿色发展从理念上升为原则和制度。绿色原则被写进民法典总则,第九条规定:"民事主体从事民事活动,应当有利于节约资源、保护生态环境。"绿色原则体现了广大人民群众对美丽环境的需要和美好生活的向往,回应了人民群众所思所想所急所盼,彰显了以人民为中心的发展思想。民法典通过绿色原则和各篇章"绿色"条款安排,将生态环境保护和环境污染防治纳入民法体系，通过确认权利、规范行为，起到引导预防、缓解化解、定分止争的积极作用，为从根本上解决环境突出问题提供法治基础。

第二，抓住生态环境保护责任这个关键。民法典在侵权责任编中，设立"环境污染和生态破坏责任"专章，对污染环境和破坏生态的侵权责任、赔偿范围和公益诉讼作出规定，为落实环境保护责任提供了法治保障。例如，民法典规定破坏生态行为人应负较重的举证责任，第一千二百三十条规定："因污染环境、破坏生态发生纠纷，行为人应当就法律规定的不承担责任或者减轻责任的情形及其行为与损害之间不存在因果关系承担举证责任。"又如，民法典第一千二百三十二条规定："侵权人违反法律规定故意污染环境、破坏生态造成严重后果的，被侵权人有权请求相应的惩罚性赔偿。"这一突破性规定明确了故意污染环境、破坏生态的侵权人不仅要对受损权益进行补偿，还需接受惩戒，以对相关行为形成有力威慑，保护生态环境。再如，第一千二百三十四条规定："违反国家规定造成生态环境损害，生态环境能够修复的，国家规定的机关或者法律规定的组织有权请求侵权人在合理期限内承担修复责任。侵权人在期限内未修复的，国家规定的机关或者法律规定的组织可以自行或者委托他人进行修复，所需费用由侵权人负担。"由此确立了侵权人的生态环境修复责任。

（6）民法典有效地反映了改革开放的新情况、新问题，回应了市场经济的发展需要

我国民事法律制度是伴随着新时期改革开放和社会主义现代化建设的历史进程而形成并不断发展完善的。民法典为促进和保障中国特

色社会主义事业不断发展，进行了一系列制度设计。例如，为了改善营商环境，物权编对担保制度作了修改、补充和完善，简化了抵押合同中抵押财产状况的信息要求，只需对"抵押财产的名称、数量等情况"予以说明即可，由此抵押登记变得更为便捷和高效。又如，民法典适应农村改革的需要，完善了土地经营权制度，并与"三权分置"相衔接。民法典还规定，流转期限为五年以上的土地经营权，可以向登记机构申请登记，这就为土地经营权提供了制度保障。

民法典回应市场经济发展的新情况、新问题，通过制度设计为市场经济的发展提供了有力的法律保障。例如，在合同编中用了大量的篇幅鼓励交易，维护合同当事人的合法权益，维护交易的安全秩序。例如，近年来，金融领域出现了大量的非法房贷、"套路贷"、"校园贷"等问题，因网络贷款引发的社会纠纷层出不穷，严重扰乱了社会秩序和金融秩序，也在一定程度上损害了实体经济。一些网贷平台甚至出现资金断裂，致使不少投资者血本无归，引发了严重的社会问题，民法典第六百八十条第一款明确规定："禁止高利放贷，借款的利率不得违反国家有关规定。"

总而言之，民法典在系统总结改革开放 40 多年来制度建设成果和实践经验的基础上，顺应时代发展的要求，体现与时俱进的时代精神，从中国实际出发，构建了大量的具有中国特色的制度和规则。这部具有中国特色、体现时代特点、反映人民意愿的民法典，不仅充分彰显了中国特色社会主义法律制度成果和制度自信，也为人类法治文明的发展进步贡献了中国智慧和中国方案。

第二章

总　则

ZONGZE

民法典总则编，是民法典的开篇，明确规定了民事活动必须遵循的基本原则和一般性规则，统领民法典各分编。我国民法典采用了"两步走"的编纂战略，2017 年 3 月通过的民法总则是其中关键的一步。民法典总则编基本保持了民法总则的内容，同时有所变动，将民法总则的附则部分移到民法典的结尾。此外，总结 2020 年初暴发的新冠肺炎疫情防控工作经验，完善了相关制度。总则编集中体现了通过民法来治理国家和社会的理念和原则，在整个民法典中处于最基础、最核心的地位。

— 1 —
民法典总则编主要规定了哪些内容？

民法典总则编覆盖民法各编，形成了总分结合、动静结合的法典结构。在静态上，规定了自然人、法人、非法人组织三类主体，民事权利、民事责任等民事法律关系的内容；在动态上，规定了民事法律行为、代理、诉讼时效等法律关系变动原因。总则编共 10 章、204 条，主要规定了以下内容。

（1）基本规定

总则编第一章规定了民法典的立法目的和依据。其中，将"弘扬社会主义核心价值观"作为一项重要的立法目的，体现了坚持依法治国与以德治国相结合的鲜明中国特色。同时，明确了民法典的调整范围，即第二条规定的："民法调整平等主体的自然人、法人和非法人组织之间的人身关系和财产关系。"总则编确立了平等、自愿、公平、诚信、守法和公序良俗等民法基本原则。为贯彻习近平生态文明思想，总则编将绿色原则确立为民法的基本原则。此外，总则编指明了民事法律渊源的适用次序，即优先适用民事法律，再考虑适用习惯且不得违背公序良俗。在民事法律领域，当特别法与一般法并存时，遵循优先适用特别法的原则。

（2）民事主体制度

民事主体是民事关系的参与者、民事权利的享有者、民事义务的履行者和民事责任的承担者，具体包括三类。

第一，自然人。自然人是最基本的民事主体。总则编规定了自然人的民事权利能力和民事行为能力制度、监护制度、宣告失踪和宣告死亡制度，并对个体工商户和农村承包经营户作了规定。结合新冠肺炎疫情防控工作，总则编对监护制度作了进一步完善，规定因发生突发事件等紧急情况，监护人暂时无法履行监护职责，被监护人的生活处于无人照料状态的，被监护人住所地的居民委员会、村民委员会或者民政部门应当为被监护人安排必要的临时生活照料措施。

第二，法人。法人是依法成立的，具有民事权利能力和民事行为能力，依法独立享有民事权利和承担民事义务的组织。总则编规定了法人的定义、成立原则和条件、住所等一般规定，并对营利法人、非营利法人、特别法人三类法人分别作了具体规定。

第三，非法人组织。非法人组织是不具有法人资格，但是能够依法以自己的名义从事民事活动的组织。总则编对非法人组织的设立、责任承担、解散、清算等作了规定。

（3）民事权利制度

保护民事权利是民事立法的重要任务。民法典各分编主要围绕某一种民事权利、某一类民事活动展开，总则编反映全部民事权利、全部民事活动的要求，具有统辖各种民事权利的效力。总则编第五章规定了民事权利制度，包括各种人身权利和财产权利。民法典第一百一十条规定："自然人享有生命权、身体权、健康权、姓名权、肖像权、名誉权、荣誉权、隐私权、婚姻自主权等权利。法人、非法人组织享有名称权、名誉权和荣誉权。"民事主体的财产权利包括物权、债权、继承权等。为建设创新型国家，总则编对知识产权作了概括性规定，以统领各单行的知识产权法律。同时，吸收互联网时代民法规则的新发展，对数据、网络虚拟财产的保护作了原则性规定，体现出鲜明的时代价值。此外，还规定了民事权利的取得和行使规则等内容。

（4）民事法律行为和代理制度

民事法律行为是民事主体通过意思表示设立、变更、终止民事法律关系的行为。民事法律行为制度作为民事权利变动的一般法律根据，对全部民法上的依据民事主体的意思表示发生的权利设立、变更和终止均有基础性规范意义。代理制度是民事主体通过代理人实施民事法律行为的制度。代理制度在人员流动频繁的现代社会，起着延伸民事主体个人能力的重要作用。总则编第六章、第七章规定了民事法律行为制度、代理制度，主要内容包括四个方面：一是规定了民事法律行为的定义、成立、形式和生效时间等；二是对意思表示生效、方式、撤回和解释等作了规定；三是规定了民事法律行为的效力制度；四是规定了代理的适用范围、效力、类型等代理制度的内容。

（5）民事责任、诉讼时效和期间计算制度

民事责任是民事主体违反民事义务的法律后果，是保障和维护民事权利的重要制度。诉讼时效是权利人在法定期间内不行使权利，权利不受保护的法律制度，其功能主要是促使权利人及时行使权利、维护交易安全、稳定法律秩序。总则编第八章、第九章、第十章规定了民事责任、诉讼时效和期间计算制度：一是规定了民事责任的承担方式，并对不可抗力、正当防卫、紧急避险、自愿实施紧急救助等特殊的民事责任承担问题作了规定；二是规定了诉讼时效的期间及其起算、法律效果，诉讼时效的中止、中断等内容；三是规定了期间的计算单位、起算、结束和顺延等。

━ 2 ━
民法典的立法目的是什么？

民法典第一条规定："为了保护民事主体的合法权益，调整民事关系，维护社会和经济秩序，适应中国特色社会主义发展要求，弘扬社会主义核心价值观，根据宪法，制定本法。"根据这一规定，民法典的立法目的有以下五个方面。

第一，保护民事主体的合法权益。民事主体的合法权益包括人身权利、财产权利、兼具人身和财产性质的知识产权等权利，以及其他合法权益。

第二，调整民事关系。民法典调整的仅仅是民事关系。民事关系就是平等主体之间的权利和义务关系。根据权利和义务内容性质的不同，民事关系可以分为人身关系和财产关系。

第三，维护社会和经济秩序。民法典通过调整民事主体之间的财产权关系、交易关系，实现对经济秩序的维护，使民事主体享有合法的财产权，进而能在此基础上与他人开展交易，从而确保整个社会的经济有条不紊地运行。

第四，适应中国特色社会主义发展要求。新中国成立70多年特别是改革开放40多年来，中国共产党团结带领中国人民不懈奋斗，成功开辟了中国特色社会主义道路。中国特色社会主义是社会主义而不是其他什么主义，科学社会主义基本原则不能丢，丢了就不是社会主义。编纂民法典的目的之一，就是通过对我国现行的民事法律制度规范进行系统整合、编订纂修，形成一部适应新时代中国特色社会主义发展要求，符合我国国情和实际，体例科学、结构严谨、规范合理、内容完整并协调一致的法典。

第五，弘扬社会主义核心价值观。民族性是民法典的一大鲜明特色，将"弘扬社会主义核心价值观"作为民法典编纂的宗旨之一，体现的是法治与德治并重的治国理念，既是对人类历史经验教训的深刻总结，也是对古今中外治国理政规律的深刻把握。

━ 3 ━

民事活动应当遵循哪些基本原则？

民法典第四条至第九条确立了民事活动的六大基本原则。这些基本原则是贯穿整部民法典始终的红线和灵魂，是民事法律制度精神实质的高度凝练和集中概括。

（1）平等原则

平等原则是民法典最根本最基础的原则，是民事法律关系区别于行政法律关系特有的原则，也是发展社会主义市场经济的客观要求。民法典第四条规定："民事主体在民事活动中的法律地位一律平等。"民事主体的法律地位一律平等，主要体现在以下三个方面。

第一，自然人的权利能力一律平等。权利能力就是自然人享有民事权利、承担民事义务的法律资格。这种法律资格，不因自然人的出身、身份、职业、性别、年龄、民族、种族等而不同，所有自然人在法律人格上都是平等的，没有差别。

第二，所有民事主体在从事民事活动时法律地位一律平等。民法为了维护和实现民事主体之间法律地位的平等性，确保民事主体之间能平等协商交易条款，还明确规定当事人一方利用优势地位强加给另一方的不公平的"霸王条款"无效。

第三，所有民事主体的合法权益一律受到法律的平等保护。平等保护意味着民事主体的权利受到侵害时，在法律适用上是平等的，能够获得同等的法律救济。正因如此，我国民事诉讼法规定，民事诉讼当事人有平等的诉讼权利，人民法院审理民事案件对当事人在适用法律上一律平等。

（2）自愿原则

自愿原则是民法典中最具有代表性的原则，也称意思自治原则，是指民事主体有权按照自己的意愿从事民事活动，自主决定民事法律关系的内容及其设立、变更和终止，自觉承受相应的法律后果的原则。民法典第五条规定："民事主体从事民事活动，应当遵循自愿原则，按照自己的意思设立、变更、终止民事法律关系。"自愿原则的适用包括四个方面的内容：一是民事主体有权自愿从事民事活动；二是民事主体有权自主决定民事法律关系的内容；三是民事主体有权自主决定民事法律关系的变动；四是民事主体应当自觉承受相应的法律后果。

（3）公平原则

公平原则是所有法律的基本原则，也是民法典的基本原则。它要求民事主体从事民事活动时秉持公平理念，公正、合理地确定各方的权利和义务，并依法承担相应的民事责任。民法典第六条规定："民事主体从事民事活动，应当遵循公平原则，合理确定各方的权利和义务。"

公平原则作为民法的基本原则，既是民事主体从事民事活动时应当遵守的基本行为准则，也是人民法院审理民事纠纷应当遵守的基本裁判准则。司法机关审理民事案件时应当在依法的同时做到公平合理，在法律无明确规定时应按公平合理的精神处理民事纠纷。在民事活动中，公平原则主要体现在两个方面：一是民事主体在从事民事活动时，按照公平原则行使权利、履行义务，不能一方承担义务而另一方只享有权利，也不能一方享受的权利和承担的义务相差很大；二是民事主体合理承担民事责任，通常情况下适用过错责任，要求责任与过错的程度相适应；在特殊情况下，也可以根据公平原则合理分担责任。

（4）诚信原则

诚信原则是民事活动的最高指导原则，被称为民事法律领域的"帝王条款"。它要求民事主体从事民事活动应当讲诚信、守信用，以善意的方式行使权利、履行义务，不诈不欺，言行一致，信守诺言。民法典第七条规定："民事主体从事民事活动，应当遵循诚信原则，秉持诚实，恪守承诺。"

民事主体应当从以下几个方面遵循诚信原则：一是民事主体在着手与他人开展民事活动时，就应当讲诚信，如实告知交易方自己的相关信息，表里如一，不弄虚作假；二是民事主体在与他人建立民事关系后，应当信守诺言、恪守信用，按照自己作出的承诺行使权利、履行义务，言而有信；三是民事主体应当本着善意的原则，相互配合，满足对方的合理期待；四是民事主体应当尊重他人的合法权益，尊重社会公共利益；五是民事主体应当善意地行使权利，不得滥用权利。

（5）守法与公序良俗原则

守法与公序良俗原则是民事活动中的底线原则，民法典第八条规定："民事主体从事民事活动，不得违反法律，不得违背公序良俗。"

第一，民事主体从事民事活动不得违反法律规定。民事主体在从事民事活动时应当遵守法律的强制性规定，只有在法律未明文禁止，又不违背公序良俗的前提下，才可以根据自己的利益和需要创设权利、义务内容。

第二，民事主体从事民事活动不得违背公序良俗。公序良俗的内容包括公共秩序和善良风俗。公共秩序是指政治、经济、文化等领域的基本秩序和根本理念，是与国家和社会整体利益相关的基础性原则、价值和秩序，在以往的民商事立法中被称为社会公共利益。善良风俗是基于社会主流道德观念的习俗，也被称为社会公共道德，是全体社会成员普遍认可、遵循的道德准则。

（6）绿色原则

绿色原则又称生态环境保护原则，是我国民法典的一大制度创新，体现了党的十八大以来"绿水青山就是金山银山"这一新的发展理念。民法典第九条规定："民事主体从事民事活动，应当有利于节约资源、保护生态环境。"

绿色原则是新增的内容，原民法总则中没有。民法典不仅在总则编将其规定为基本原则，也在物权编、合同编、侵权责任编等编增加了"绿色条款"，为民事活动作出了更加明确的指引。绿色原则的确立顺应了时代发展要求，具有重要作用：一是明确了民事活动的基本导向，即应当把节约资源、保护生态环境作为重要的考量因素；二是要求民事主体本着有利于节约资源、保护生态环境的理念从事民事活动，树立可持续发展理念；三是人民法院在审判民事案件，适用民事法律规定时，要加强对节约资源、保护生态环境的民事法律行为的保护。

﹣ 4 ﹣
处理民事纠纷的依据有哪些？

　　处理民事纠纷的依据，在法学理论上被称为民法的渊源，或称民法的法源，是指民法的表现形式，即在哪里寻找民法法律条文裁判民事纠纷。民法典第十条首次明文规定："处理民事纠纷，应当依照法律；法律没有规定的，可以适用习惯，但是不得违背公序良俗。"据此，处理民事纠纷的依据只能是法律和习惯。

（1）法律

　　民法典规定的"法律"是一个广义的概念，既包括全国人大及其常委会制定的法律，也包括行政法规和地方性法规、民族自治地方制定的自治条例和单行条例。此外，有权机关作出的法律解释与法律具有同等的效力。法律解释分为立法解释和司法解释。立法解释是指全国人大常委会依法定程序对法律作出的解释；司法解释是指最高人民法院就法院审判工作中具体应用法律的问题所作的解释以及最高人民检察院就检察工作中具体应用法律的问题作出的检察解释。

（2）习惯

　　习惯是指在一定地域、行业范围内长期为一般人确信并普遍遵守的民间习惯或者商业惯例。适用习惯要受到两个方面的限制：一是适用习惯的前提是法律没有规定；二是所适用的习惯不得违背公序良俗。不得违背公序良俗，就是不得违背公共秩序和善良习俗。公共秩序强调的是国家和社会层面的价值理念，善良习俗突出的则是民间的道德观念，二者相辅相成，互为补充。

由于成文法不可能规定现实生活的方方面面，而且随着社会生活的不断变化，已经颁布的成文法律可能对很多新的问题缺乏规定，为了弥补成文法的不足，民法典将习惯纳入民法的法源范畴，但民法典第十条并未界定"习惯"的含义。习惯一般是一定地域、行业范围内多数人的惯常行为，并且为一般人所确信。

需要指出的是，该条在增加习惯作为民法法源的同时，删除了原民法通则第六条将"国家政策"作为法源的规定。根本原因在于，政策在经立法机关、立法程序予以规范化，成为现行法律之前，不具有规范性和国家强制性，不能在法院裁判中引用、作为判决依据。

═ 5 ═
民法典关于个体工商户是怎样规定的？

个体工商户，是指在法律允许的范围内，依法经核准登记，从事工商业经营的家庭或户。个体工商户是以家庭或户为单位从事市场经营活动的市场主体，是我国社会主义市场经济的重要组成部分。个体工商户是我国改革开放的产物。1986 年 4 月颁布的民法通则首次确认了个体工商户的主体资格，有力地推动了个体工商户的发展。2017 年 3 月颁布的民法总则对个体工商户的条款进行了一定的修改，明确了个体工商户的经营主体是自然人。

民法典第五十四条规定："自然人从事工商业经营，经依法登记，为个体工商户。个体工商户可以起字号。"这一规定明确了个体工商户具有以下四个特性。

第一，经营主体是自然人。个体工商户是从事工商业经营的自然人。

第二，实行登记管理。有经营能力的自然人，经市场监督管理部门登记，领取个体工商户营业执照，从事工商业经营的，可以成为个体工商户。

第三，经营范围。对个体工商户从事"工商业经营"的范围应当从广义上理解，即只要不属于法律、行政法规禁止进入的行业，个体工商户均可进入并开展经营活动。

第四，名称与字号。个体工商户可以使用名称，也可以不使用名称。个体工商户决定使用名称的，应当向登记机关提出申请，经核准登记后方可使用，但一户个体工商户只能使用一个名称。

关于个体工商户的债务承担，民法典第五十六条第一款规定："个体工商户的债务，个人经营的，以个人财产承担；家庭经营的，以家庭财产承担；无法区分的，以家庭财产承担。"这一规定也明确了个体工商户不仅可以个人经营，也可以以家庭为单位进行经营。

═ 6 ═
民法典关于农村承包经营户是怎样规定的？

家庭承包经营是集体经济组织内部的一个经营层次。农村土地家庭承包的承包方是本集体经济组织的农户，它既是独立的生活单位，又是独立的生产单位。民法典第五十五条规定："农村集体经济组织的成员，依法取得农村土地承包经营权，从事家庭承包经营的，为农村承包经营户。"

农村承包经营户是随着我国家庭联产承包责任制的出现而产生的一种特殊的民事主体。家庭承包是按人人有份分配承包地，按户组成一个生产经营单位作为承包方。在承包期内，无论承包户内人口发生怎样的变化，是增是减，只要作为承包户的家庭还存在，承包户仍然是一个生产经营单位。农户内的成员分家析产的，单独成户的成员可以对原家庭承包的土地进行分别耕作，但承包经营权仍是一个整体，不能分割。在承包经营活动中，无论是全体家庭成员从事生产经营活动，还是部分家庭成员从事生产经营活动，农户均是一个对外承担责任的主体。

将农村承包经营户纳入法治化管理，起始于1986年制定的民法通则。该法第二十七条规定："农村集体经济组织的成员，在法律允许的范围内，按照承包合同规定从事商品经营的，为农村承包经营户。"这是我国首次明确农村承包经营户的概念。2017年3月制定的民法总则对农村承包经营户的概念作了部分调整，将"在法律允许的范围内，按照承包合同规定从事商品经营的"调整为"依法取得农村土地承包经营权，从事家庭承包经营的"，这样的概念更加准确，民法典继承了原民法总则中的这一规定。

关于债务承担，民法典第五十六条第二款明确规定："农村承包经营户的债务，以从事农村土地承包经营的农户财产承担；事实上由农户部分成员经营的，以该部分成员的财产承担。"这一规定表明，农村承包经营户的债务承担方式分为两种情况：以户为单位进行承包经营的，由该户对外承担债务；以户内个人经营的，由个人对外承担债务，但在实践中，这种情况要严格掌握，防止借该规定逃避应承担的债务。

─ 7 ─
民法典如何创新我国法人分类制度？

在社会生活中，法人具有十分重要的作用。法人并不是真正的人，而是专门从事民商事活动的组织。为了确保这类组织能够像自然人一样正常开展民商事活动，民法典将它们拟制为"人"，民法典第五十七条规定："法人是具有民事权利能力和民事行为能力，依法独立享有民事权利和承担民事义务的组织。"因此，法人与自然人一样，也具有民事权利能力和民事行为能力，依法独立享有民事权利和承担民事义务。民法典将法人分为营利法人、非营利法人与特别法人三类，是对民法通则中企业法人与非企业法人分类的重大调整。

（1）营利法人

营利法人是指为赚取利润而设立的法人。民法典第七十六条规定："以取得利润并分配给股东等出资人为目的成立的法人，为营利法人。营利法人包括有限责任公司、股份有限公司和其他企业法人等。"有限责任公司和股份有限公司是营利法人最常见的两种类型，而营利法人的治理结构包括权力机构、执行机构和监督机构。民法典第七十九条规定："设立营利法人应当依法制定法人章程。"

权力机构，是营利法人的决策机构。一般由营利法人的出资人共同组成，实务中最常见的是有限责任公司的股东会。权力机构的职权来源于法律的直接规定。民法典第八十条规定："营利法人应当设权力机构。权力机构行使修改法人章程，选举或者更换执行机构、监督机构成员，以及法人章程规定的其他职权。"由此可见，民法典中规定营利法人的权力机构有三项职权：一是修改法人章程；二是选举或者更换执行机构、监督机构的成员；三是行使法人章程规定的其他职权。

执行机构，是执行权力机构的决策或者执行法人章程规定事项的机构。民法典第八十一条规定："营利法人应当设执行机构。执行机构行使召集权力机构会议，决定法人的经营计划和投资方案，决定法人内部管理机构的设置，以及法人章程规定的其他职权。执行机构为董事会或者执行董事的，董事长、执行董事或者经理按照法人章程的规定担任法定代表人；未设董事会或者执行董事的，法人章程规定的主要负责人为其执行机构和法定代表人。"

监督机构，是在营利法人中行使监督职责的机构。民法典第八十二条规定："营利法人设监事会或者监事等监督机构的，监督机构依法行使检查法人财务，监督执行机构成员、高级管理人员执行法人职务的行为，以及法人章程规定的其他职权。"由此可见，民法典中规定营利法人的监督机构有三项主要职权：一是监督法人财务状况；二是监督机构成员的职务行为；三是行使法人章程规定的其他职权。

（2）非营利法人

非营利法人是指为公益目的或者其他非营利目的成立，不向出资人、设立人或者会员分配所取得利润的法人。根据民法典第八十七条第二款的规定，非营利法人包括事业单位、社会团体、基金会、社会服务机构等。

事业单位，是指由国家行政机关举办，受国家行政机关领导，没有生产收入，所需经费由公共财政支出、不实行经济核算，主要提供教育、科技、文化、卫生等活动的社会公共组织。需要注意的是，事业单位接受政府的领导，但其本身并不属于政府机构。民法典第八十八条规定："具备法人条件，为适应经济社会发展需要，提供公益服务设立的事业单位，经依法登记成立，取得事业单位法人资格；依法不需要办理法人登记的，从成立之日起，具有事业单位法人资格。"

社会团体，是指由我国公民自愿组成的，为实现会员共同意愿，按照其章程开展活动的非营利性社会组织。民法典第九十条规定："具备法人条件，基于会员共同意愿，为公益目的或者会员共同利益等非营利目的设立的社会团体，经依法登记成立，取得社会团体法人资格；依法不需要办理法人登记的，从成立之日起，具有社会团体法人资格。"

基金会，是指利用自然人、法人或者其他组织捐赠的财产，以从事公益事业为目的，依法成立的非营利法人。社会服务机构，实际上就是过去的民办非企业单位。社会服务机构通常是以"助人自助"为宗旨，由社会工作者和志愿者等组成的，为特定的服务对象提供专业服务的组织。依法成立的基金会、社会服务机构以及宗教活动场所可以取得捐助法人资格。民法典第九十二条规定："具备法人条件，为公益目的以捐助财产设立的基金会、社会服务机构等，经依法登记成立，取得捐助法人资格。依法设立的宗教活动场所，具备法人条件的，可以申请法人登记，取得捐助法人资格。法律、行政法规对宗教活动场所有规定的，依照其规定。"

非营利法人治理结构与营利法人大体相同，也分决策机构、执行机构和监督机构，但根据非营利法人的具体形式不同，法律对这些机构的设置要求也存在差异。根据民法典的规定，事业单位法人设理事会的，除法律另有规定外，理事会为其决策机构。事业单位法人的法定代表人依照法律、行政法规或者法人章程的规定产生。设立捐助法人应当依法制定法人章程。捐助法人应当设理事会、民主管理组织等决策机构，并设执行机构。理事长等负责人按照法人章程的规定担任法定代表人。捐助法人应当设监事会等监督机构。设立社会团体法人应当依法制定法人章程。社会团体法人应当设会员大会或者会员代表大会等权力机构。社会团体法人应当设理事会等执行机构。理事长或者会长等负责人按照法人章程的规定担任法定代表人。

（3）特别法人

除了上述两类法人，我国当前还存在难以被划入营利法人或非营利法人的组织体，这些组织体不但数量庞大、分布范围广泛、实际功能重要，而且在实践中又确实存在从事民商事活动的现实需求。民法典第九十六条至第一百零一条构建了我国独有的特别法人制度。特别法人是区别于营利法人和非营利法人的一类特殊的法人。在民事法律关系中，特别法人一般与其他民事主体处于平等地位，但在国家征收和国家征用等法定条件下，会有一些特殊的主体地位。民法典第九十六条规定："本节规定的机关法人、农村集体经济组织法人、城镇农村的合作经济组织法人、基层群众性自治组织法人，为特别法人。"根据该规定，特别法人包括机关法人、农村集体经济组织法人、城镇农村的合作经济组织法人以及基层群众性自治组织法人四类。

第一，机关法人。机关法人是指依法行使国家权力，并因行使国家权力的需要而享有相应的民事权利能力和民事行为能力的国家机关。机关法人自成立之日起，具有法人资格，至法人资格被撤销时终止。机关设立的目的是履行公共管理等职能，这与其他法人组织存在明显不同。根据民法典第九十七条、第九十八条的规定，"有独立经费的机关和承担行政职能的法定机构从成立之日起，具有机关法人资格，可以从事为履行职能所需要的民事活动"，"机关法人被撤销的，法人终止，其民事权利和义务由继任的机关法人享有和承担；没有继任的机关法人的，由作出撤销决定的机关法人享有和承担"。

第二，农村集体经济组织法人。农村集体经济组织是为实行社会主义公有制，在自然乡村范围内，由农民自愿联合，将其各自所有的生产资料投入集体所有，由集体组织农业生产经营，农民进行集体劳动，实行各尽所能、按劳分配的农业社会主义经济组织。根据民法典第九十九条的规定："农村集体经济组织依法取得法人资格。法律、行政法规对农村集体经济组织有规定的，依照其规定。"农村集体经济组织具有鲜明的中国特色，赋予其法人地位符合党中央有关改革精神，有利于完善农村集体经济实现形式和运行机制，增强农村集体经济发展活力。

第三，城镇农村的合作经济组织法人。城镇农村的合作经济组织是按照自愿互利、民主管理、协作服务原则组建的农村经济组织，主要是指供销合作社等。根据民法典第一百条的规定："城镇农村的合作经济组织依法取得法人资格。法律、行政法规对城镇农村的合作经济组织有规定的，依照其规定。"这类合作经济组织对内具有共益性或者互益性，对外也可以从事经营活动。

第四，基层群众性自治组织法人。基层群众性自治组织是指在城市和农村按照居民、村民的居住地区建立起来的居民委员会和村民委员会。居民委员会、村民委员会等基层群众性自治组织在设立、变更和终止以及行使职能和责任承担上都有其特殊性。根据民法典第一百零一条的规定："居民委员会、村民委员会具有基层群众性自治组织法人资格，可以从事为履行职能所需要的民事活动。未设立村集体经济组织的，村民委员会可以依法代行村集体经济组织的职能。"

— **8** —

如何理解法定代表人制度？

法人的法定代表人，是代表法人行使职权的负责人，是代表法人进行民事活动的自然人。法定代表人只能是自然人，且该自然人只有代表法人从事民事活动时，才具有这种身份。民法典第六十一条第一款规定："依照法律或者法人章程的规定，代表法人从事民事活动的负责人，为法人的法定代表人。"

法定代表人不是民事主体，实质上是代表法人参与民事活动的代理人，民法典第六十一条第二款规定："法定代表人以法人名义从事的民事活动，其法律后果由法人承受。"根据这一规定，法定代表人对外的职务行为即为法人行为，其后果由法人承担。法人对法定代表人所负的责任，也包括越权行为的责任。法人章程或者法人权力机构对法定代表人的对外代表权限进行了限制，但该法定代表人超越了自己的权限与相对人签订合同，或者实施其他法律行为，如果相对人不知道该限制规定的，则法人不得以法定代表人的行为超越其权限而主张不承担责任。民法典第六十一条第三款规定："法人章程或者法人权力机构对法定代表人代表权的限制，不得对抗善意相对人。"

法定代表人因执行职务造成他人损害的，属于职务侵权，由法人对外承担民事责任后，可以依照法律或者法人章程的规定，向有过错的法定代表人追偿。民法典第六十二条规定："法定代表人因执行职务造成他人损害的，由法人承担民事责任。法人承担民事责任后，依照法律或者法人章程的规定，可以向有过错的法定代表人追偿。"

— 9 —
如何理解职务代理制度？

职务代理，是指根据代理人所担任的职务而产生的代理，即执行法人或者非法人组织工作任务的人员，就其职权范围内的事项，以法人或者非法人组织的名义实施的民事法律行为，无须法人或者非法人组织的特别授权，对法人或者非法人组织发生效力。

民法典第一百七十条规定："执行法人或者非法人组织工作任务的人员，就其职权范围内的事项，以法人或者非法人组织的名义实施的民事法律行为，对法人或者非法人组织发生效力。法人或者非法人组织对执行其工作任务的人员职权范围的限制，不得对抗善意相对人。"据此，执行工作任务的人员的侵权行为与法定代表人的职务侵权行为，在归责原则上，对外都是由法人承担责任。

适用职务代理制度需满足四个条件：一是被代理人须是法人或者非法人组织；二是代理人须是执行法人或者非法人组织工作任务的人员；

三是代理事项须是职权范围内的事项，代理人超越职权范围的行为是否对法人或非法人组织发生效力，要看相对人的"善意"与否；四是该事项须以法人或非法人组织的名义实施。

━ 10 ━
承担民事责任的方式有哪些?

民事责任，是指民事主体因违反合同约定，不履行相关民事义务，或者因侵害国家、集体、他人合法权益所造成法律后果，依法应当承担的民事法律责任。民事责任有两大基本特征：一方面，民事责任是民事主体违反民事义务所应承担的责任。民事义务分为两类：一是法律直接规定的义务；二是在法律允许的范围内民事主体自行约定的义务。另一方面，民事责任具有强制性，表现在对不履行义务的行为予以制裁，要求民事主体承担民事责任。

民法典第一百七十九条规定："承担民事责任的方式主要有:（一）停止侵害;（二）排除妨碍;（三）消除危险;（四）返还财产;（五）恢复原状;（六）修理、重作、更换;（七）继续履行;（八）赔偿损失;（九）支付违约金;（十）消除影响、恢复名誉;（十一）赔礼道歉。法律规定惩罚性赔偿的，依照其规定。本条规定的承担民事责任的方式，可以单独适用，也可以合并适用。"

需要说明的是，相对于 11 种承担民事责任的方式，惩罚性赔偿是指当侵权人以恶意、故意、欺诈等方式实施加害行为，导致权利人受到损害的，权利人可以获得实际损害赔偿之外的增加赔偿。其目的是通过对义务人施加惩罚，阻止其重复实施恶意行为，并且警示他人不要侵害他人合法权益。民法典中涉及惩罚性赔偿制度的条款共有三条。

第一，故意侵害他人知识产权。民法典第一千一百八十五条规定："故意侵害他人知识产权，情节严重的，被侵权人有权请求相应的惩罚性赔偿。"

第二，生产、销售明知存在缺陷的产品造成他人死亡或者健康严重损害的行为。民法典第一千二百零七条规定："明知产品存在缺陷仍然生产、销售，或者没有依据前条规定采取有效补救措施，造成他人死亡或者健康严重损害的，被侵权人有权请求相应的惩罚性赔偿。"

第三，故意污染环境、破坏生态造成严重后果的行为。民法典第一千二百三十二条规定："侵权人违反法律规定故意污染环境、破坏生态造成严重后果的，被侵权人有权请求相应的惩罚性赔偿。"

此外，上述承担民事责任的方式，可以单独采用一种方式，也可以采用多种方式。具体适用民事责任的方式应遵循的原则是，如果一种方式不足以救济权利人的，就应当同时适用其他方式。

第三章

物　权

　　物权是民事主体享有的最重要的财产权益。物权法律制度调整平等主体之间因物的归属和利用而产生的民事关系，是最重要的民事基本制度之一。民法典物权编在原物权法基础上，按照党中央关于"健全归属清晰、权责明确、保护严格、流转顺畅的现代产权制度"的要求，规定了各类财产关系的物权制度，平等保护各类公私物权，进一步完善了物权法律制度。

— 1 —
物权编的主要内容有哪些？

　　民法典物权编采取以所有权为中心逐渐推及用益物权、担保物权，由此形成了民法典的物权体系。物权编共 5 个分编、20 章、258 条，主要规定了以下内容。

（1）物权制度的基础性规范

　　物权编第一分编即通则，规定了物权制度基础性规范，包括平等保护等物权基本原则，物权变动的具体规则，以及物权保护制度。

　　中国特色社会主义物权制度是由社会主义基本经济制度决定的。民法典第二百零六条第一款将有关社会主义基本经济制度的规定修改为："国家坚持和完善公有制为主体、多种所有制经济共同发展，按劳分配为主体、多种分配方式并存，社会主义市场经济体制等社会主义基本经济制度。"该条第二款还规定："国家巩固和发展公有制经济，鼓励、支持和引导非公有制经济的发展。"物权编把社会主义基本经济制度两个"毫不动摇"作为基本原则，贯穿并体现在物权编的始终。

民法典第一次用法律的形式明确了物权平等保护原则，明确规定国家、集体、私人的物权和其他权利人的物权受法律平等保护，任何组织或者个人不得侵犯。此外，民法典明确规定物权变动公示原则。不动产物权变动的公示方式是依法登记；动产物权变动的公示方式是交付。民法典第二百零八条规定："不动产物权的设立、变更、转让和消灭，应当依照法律规定登记。动产物权的设立和转让，应当依照法律规定交付。"

（2）所有权制度

物权编第二分编规定了所有权制度，包括所有权人的权利，征收和征用规则，国家、集体和私人的所有权，相邻关系、共有等所有权基本制度。关于国家、集体和私人的所有权，民法典第二百四十二条规定："法律规定专属于国家所有的不动产和动产，任何组织或者个人不能取得所有权。"民法典在原物权法规定的基础上，进一步完善了建筑物区分所有权制度：一是明确地方政府有关部门、居民委员会应当对设立业主大会和选举业主委员会给予指导和协助。二是适当降低业主共同决定事项，特别是使用建筑物及其附属设施维修资金的表决门槛，并增加规定紧急情况下使用维修资金的特别程序。三是结合新冠肺炎疫情防控工作，在征用组织、个人的不动产或者动产的事由中增加"疫情防控"；明确物业服务企业和业主的相关责任和义务，增加规定物业服务企业或者其他管理人应当执行政府依法实施的应急处置措施和其他管理措施，积极配合开展相关工作，业主应当依法予以配合。

（3）用益物权制度

物权编第三分编规定了用益物权制度，明确了用益物权人的基本权利和义务，以及建设用地使用权、宅基地使用权、地役权等用益物权。民法典在原物权法规定的基础上，作了进一步完善：一是落实党中央关于完善产权保护制度依法保护产权的要求，明确住宅建设用地使用权期限届满的，自动续期；续期费用的缴纳或者减免，依照法律、行政法规的规定办理。二是完善农村集体产权相关制度，落实农村承包地"三权分置"改革的要求，对土地承包经营权的相关规定作了完善，增加土地经营权的规定，删除耕地使用权不得抵押的规定，以适应"三权分置"后土地经营权入市的需要。考虑到农村集体建设用地和宅基地制度改革正在推进过程中，民法典与土地管理法等作了衔接性规定。三是为贯彻党的十九大提出的加快建立多主体供给、多渠道保障住房制度的要求，增加规定"居住权"这一新型用益物权，明确居住权原则上无偿设立，居住权人有权按照合同约定或者遗嘱，经登记占有、使用他人的住宅，以满足其稳定的生活居住需要。

（4）担保物权制度

物权编第四分编对担保物权作了规定，明确了担保物权的含义、适用范围、担保范围等共同规则，以及抵押权、质权和留置权的具体规则。民法典在物权法规定的基础上，进一步完善了担保物权制度，为优化营商环境提供法治保障：一是扩大担保合同的范围，明确融资租赁、保理、所有权保留等非典型担保合同的担保功能，增加规定担保合同包括抵押合同、质押合同和其他具有担保功能的合同。二是删除有关担保物权具体登记机构的规定，为建立统一的动产抵押和权利质押登记制度留下空间。三是简化抵押合同和质押合同的一般条款。四是明确实现担保物权的统一受偿规则。这些规定使得融资的获得更为安全简便，有利于改善营商环境，促进经济平稳有序发展。担保物权的规则是用法治保障营商环境的体现。

（5）占有制度

占有是指对不动产或者动产事实上的控制与支配。物权编第五分编对占有的调整范围、无权占有情形下的损害赔偿责任、原物及孳息的返还以及占有保护等作了规定。

— 2 —

民法典对维护社会主义基本经济
制度是如何规定的？

党的十九届四中全会通过的《中共中央关于坚持和完善中国特色社会主义制度、推进国家治理体系和治理能力现代化若干重大问题的决定》对社会主义基本经济制度作了新的表述，确立了公有制为主体、多种所有制经济共同发展，按劳分配为主体、多种分配方式并存，社会主义市场经济体制等社会主义基本经济制度。这是对社会主义基本经济制度内涵的重要拓展，标志着我国社会主义基本经济制度更加成熟更加定型。

原物权法规定："国家在社会主义初级阶段，坚持公有制为主体、多种所有制经济共同发展的基本经济制度。"民法典第二百零六条第一款将有关基本经济制度的规定修改为："国家坚持和完善公有制为主体、多种所有制经济共同发展，按劳分配为主体、多种分配方式并存，社会主义市场经济体制等社会主义基本经济制度。"民法典删除了关于"社会主义初级阶段"的时段限定，加入了分配方式、社会主义市场经济体制，丰富了基本经济制度的内容，有利于社会主义市场经济的发展。

物权编的全部法条，都在维护社会主义基本经济制度，体现了公有制与市场经济的有机统一。例如，民法典第二百四十九条明确规定："城市的土地，属于国家所有。法律规定属于国家所有的农村和城市郊区的土地，属于国家所有。"同时，在第三分编单设用益物权制度。民法典第三百二十四条规定："国家所有或者国家所有由集体使用以及法律规定属于集体所有的自然资源，组织、个人依法可以占有、使用和收益。"通过规定建设用地使用权等制度，用市场的手段，使土地等资源得到效益最大化的配置和利用，发挥公有不动产的最大价值。在土地和自然资源等的利用过程中，用益物权必然导向引入市场机制，通过当事人的自由协商和有偿使用，最有效配置和利用土地和自然资源。

— 3 —
如何理解国家征收和国家征用？

国家征收，是国家以行政权取得集体、组织和个人的财产所有权的行为。征收的主体是国家，通常是政府部门，政府以行政命令的方式从集体、组织和个人那里取得土地、房屋等财产，集体、组织和个人必须服从。在物权法律制度上，征收是物权变动的一种极为特殊的情形。征收导致所有权的丧失，当然对所有权人造成损害。

征收是法律规定的政府行为，并且有严格的法定条件的限制。民法典第二百四十三条第一款规定："为了公共利益的需要，依照法律规定的权限和程序可以征收集体所有的土地和组织、个人的房屋以及其他不动产。"所谓公共利益，是不特定多数人利益的通称，包括社会与个人利益在内。公共利益在个案中才能被客观地加以判断。

因重大公共利益需要而征收私有财产权，应当给予权利人相应的财产补偿。民法典第二百四十三条第二款、第三款规定："征收集体所有的土地，应当依法及时足额支付土地补偿费、安置补助费以及农村村民住宅、其他地上附着物和青苗等的补偿费用，并安排被征地农民的社会保障费用，保障被征地农民的生活，维护被征地农民的合法权益。征收组织、个人的房屋以及其他不动产，应当依法给予征收补偿，维护被征收人的合法权益；征收个人住宅的，还应当保障被征收人的居住条件。"民法典关于征收补偿的规定，在扩大补偿范围的同时，强调"及时"支付相关费用。一些地方在征收集体所有的土地的过程中，可能发生补偿不到位、补偿方案不合理或价款未支付等现象，"及时"二字强调的是对公权力的约束和对私人物权的保护。

耕地保护制度是我国的一项基本制度。2020年新冠肺炎疫情在全球蔓延，许多粮食出口国纷纷禁止本国粮食出口，而我国粮食价格并未受到冲击，人民生活未受到影响，就是得益于我国的耕地保护政策。作为保护人民权益的民法典，必然要对耕地保护这一关系民生的内容进行专门规定。民法典第二百四十四条规定："国家对耕地实行特殊保护，严格限制农用地转为建设用地，控制建设用地总量。不得违反法律规定的权限和程序征收集体所有的土地。"

国家征用和国家征收都是国家基于公共利益需要而对非国家财产物权进行限制的行为。二者有相同之处，但也有很大区别。

国家征用是国家强制使用组织、个人的财产。强制使用，就是不必得到所有权人的同意，在国家有紧急需要时即直接使用。国家以行政命令征用财产，被征用的组织、个人必须服从，这一点与国家征收是相同的。但国家征收是剥夺所有权，征用只是在紧急情况下强制使用组织、个人的财产，紧急情况结束后，被征用的财产要返还给被征用的组织、个人。征收限于不动产，而征用的财产既包括不动产，也包括动产。民法典第二百四十五条规定："因抢险救灾、疫情防控等紧急需要，依照法律规定的权限和程序可以征用组织、个人的不动产或者动产。被征用的不动产或者动产使用后，应当返还被征用人。"在2020年新冠肺炎疫情防控过程中，武汉市政府通过"征用"的方式，临时性地对大型场馆、公共性场所和其他物资进行紧急调配和处置，为防控疫情、打赢武汉保卫战提供了强大的物资保障。

当然，民法典也规定了国家征收、征用必须给被征收人、被征用人以补偿。民法典第二百四十五条规定："组织、个人的不动产或者动产被征用或者征用后毁损、灭失的，应当给予补偿。"民法典第三百二十七条也规定："因不动产或者动产被征收、征用致使用益物权消灭或者影响用益物权行使的，用益物权人有权依据本法第二百四十三条、第二百四十五条的规定获得相应补偿。"

— 4 —

如何理解国家所有权、集体所有权、
私人所有权、法人所有权？

（1）国家所有权

国家所有权是国家对国家所有的财产享有的所有权。民法典明确列举了国有财产的种类，第二百四十七条规定："矿藏、水流、海域属于国家所有。"第二百四十八条规定："无居民海岛属于国家所有，国务院代表国家行使无居民海岛所有权。"第二百四十九条规定："城市的土地，属于国家所有。法律规定属于国家所有的农村和城市郊区的土地，属于国家所有。"第二百五十条规定："森林、山岭、草原、荒地、滩涂等自然资源，属于国家所有，但是法律规定属于集体所有的除外。"第二百五十一条规定："法律规定属于国家所有的野生动植物资源，属于国家所有。"第二百五十二条规定："无线电频谱资源属于国家所有。"第二百五十三条规定："法律规定属于国家所有的文物，属于国家所有。"第二百五十四条规定："国防资产属于国家所有。铁路、公路、电力设施、电信设施和油气管道等基础设施，依照法律规定为国家所有的，属于国家所有。"

在上述国有财产中，"无居民海岛"首次被纳入国家所有权的范围。国有财产的所有权是由作为中央政府的国务院代表国家行使的，地方政府无权行使所有权。国家机关和国家举办的事业单位对其直接支配的财产只享有占有权、使用权和处分权，并且处分权受到法律和国务院的严格限制。国家出资设立的企业，对其占有的国有财产依法享有除所有权以外的占有、使用、收益和处分等权利。

（2）集体所有权

集体所有权是集体对所属财产享有的所有权，是集体所有制的基础，也是公有制的基础。民法典也明确列举了集体所有的不动产和动产的范围，第二百六十条规定："集体所有的不动产和动产包括：（一）法律规定属于集体所有的土地和森林、山岭、草原、荒地、滩涂；（二）集体所有的建筑物、生产设施、农田水利设施；（三）集体所有的教育、科学、文化、卫生、体育等设施；（四）集体所有的其他不动产和动产。"

（3）私人所有权

"私人"是与国家、集体相对应的物权主体，不但包括我国的公民，也包括在我国合法取得财产的外国人和无国籍人；不仅包括自然人，还包括个人独资企业、个人合伙等非公有制企业。私人所有权，是相对于国家所有权、集体所有权以外的自然人的所有权。除了民法典列举的国有财产、集体财产之外，都属于私人财产。民法典第二百六十六条规定："私人对其合法的收入、房屋、生活用品、生产工具、原材料等不动产和动产享有所有权。"建立在私人所有权基础上的非公有制经济，在我国虽然不占主体地位，但也是我国社会主义市场经济的重要组成部分。对私人所有权的平等保护，是民法典保障私权的典型体现。民法典第二百六十七条规定："私人的合法财产受法律保护，禁止任何组织或者个人侵占、哄抢、破坏。"

（4）法人所有权

法人所有权是由国家、集体和私人出资成立的法人对属于其自身的财产享有的所有权。出资人出资后只享有股东权，除国有资产外，出资的财产归法人所有。民法典第二百六十八条规定："国家、集体和私人依法可以出资设立有限责任公司、股份有限公司或者其他企业。国家、集体和私人所有的不动产或者动产投到企业的，由出资人按照约定或者出资比例享有资产收益、重大决策以及选择经营管理者等权利并履行义务。"民法典总则编把法人分为营利法人和非营利法人，这两种法人的所有权也有所不同。民法典第二百六十九条规定："营利法人对其不动产和动产依照法律、行政法规以及章程享有占有、使用、收益和处分的权利。营利法人以外的法人，对其不动产和动产的权利，适用有关法律、行政法规以及章程的规定。"

- 5 -
民法典对业主的建筑物区分所有权
是如何规定的？

建筑物区分所有权，是指数人区分一建筑物而各有其专有部分，并就共有部分按其专有部分享有共有的权利。它是一种综合性的物权，是对建筑物不动产进行区分后，业主享有的专有部分的所有权、对共有部分享有的共有和共同管理的权利。民法典第二百七十一条规定："业主对建筑物内的住宅、经营性用房等专有部分享有所有权，对专有部分以外的共有部分享有共有和共同管理的权利。"通过对建筑物的各个部分进行区分，让业主对专有部分享有所有权，对共有部分享有共有和共同管理权。这样的制度安排很好地解决了建筑物共有的问题，在原物权法规定的基础上，进一步完善了业主建筑物区分所有权制度。

第一，明确地方政府有关部门、居民委员会应当对设立业主大会和选举业主委员会给予指导和协助。民法典第二百七十七条规定："业主可以设立业主大会，选举业主委员会。业主大会、业主委员会成立的具体条件和程序，依照法律、法规的规定。地方人民政府有关部门、居民委员会应当对设立业主大会和选举业主委员会给予指导和协助。"

第二，适当降低业主共同决定事项的门槛，特别是使用建筑物及其附属设施维修资金的表决门槛，并增加规定紧急情况下使用维修资金的特别程序。民法典第二百七十八条规定："下列事项由业主共同决定：（一）制定和修改业主大会议事规则；（二）制定和修改管理规约；（三）选举业主委员会或者更换业主委员会成员；（四）选聘和解聘物业服务企业或者其他管理人；（五）使用建筑物及其附属设施的维修资金；（六）筹集建筑物及其附属设施的维修资金；（七）改建、重建建筑物及其附属设施；（八）改变共有部分的用途或者利用共有部分从事经营活动；（九）有关共有和共同管理权利的其他重大事项。业主共同决定事项，应当由专有部分面积占比三分之二以上的业主且人数占比三分之二以上的业主参与表决。决定前款第六项至第八项规定的事项，应当经参与表决专有部分面积四分之三以上的业主且参与表决人数四分之三以上的业主同意。决定前款其他事项，应当经参与表决专有部分面积过半数的业主且参与表决人数过半数的业主同意。"该规定在原物权法的基础上作了修改完善：一是将使用建筑物及其附属设施的维修资金单列一项，并降低通过这一事项的表决要求；二是增加规定"改变共有部分的用途或者利用共有部分从事经营活动"为业主共同决定的重大事项；三是适当降低业主作出决议的门槛。

第三，明确物业服务企业和业主的相关责任和义务。民法典第二百八十六条规定："对于物业服务企业或者其他管理人执行政府依法实施的应急处置措施和其他管理措施，业主应当依法予以配合。"

— 6 —
如何理解农村承包地"三权分置"？

农村承包地的"三权分置"，是把所有权、承包权、经营权分置，是继家庭联产承包责任制后农村改革的又一重大制度创新。实施"三权分置"的重点是盘活集体土地经营权，核心要义就是明晰赋予经营权应有的法律地位。在农村土地制度改革中实现所有权、承包权、经营权"三权分置"，集体土地所有权归集体成员集体所有，集体土地的承包权归集体成员各自所有，集体土地的经营权归权利人所有。

物权编对土地承包经营权的相关规定作了完善，增加土地经营权的规定。在不改变农村土地集体所有的前提下，土地承包经营权创造性地解决了农村土地的使用、经营和流转问题。承包权是经营权的基础，有了承包权才有经营权。民法典第三百三十九条规定："土地承包经营权人可以自主决定依法采取出租、入股或者其他方式向他人流转土地经营权。"在承包权与经营权分离的情况下，承包主体通过让渡经营权而获得财产权益，在土地被征用以及退出后还可以获得财产补偿。经营权依照法律规定或合同约定流转给经营权人，并由经营权人在土地上从事农业生产，最大限度地发挥集体土地的效用。民法典第三百四十条规定："土地经营权人有权在合同约定的期限内占有农村土地，自主开展农业生产经营并取得收益。"根据这一规定，经营权人在合同约定期限内使用土地，开展生产，取得收益，不受承包权人的干扰和限制。

此外，民法典第三百三十八条规定："承包地被征收的，土地承包经营权人有权依据本法第二百四十三条的规定获得相应补偿。"为了公共利益的需要，依照法律规定的权限和程序可以征收集体所有的土地，征收集体所有的土地，应当依法及时足额支付土地补偿费、安置补助费以及其他地上附着物和青苗等的补偿费用。

根据民法典第三百九十九条的规定，土地所有权不得抵押。宅基地、自留地、自留山等集体所有土地的使用权不得抵押，但是法律规定可以抵押的除外。这一规定适应"三权分置"后土地经营权入市的需要，为集体所有土地的使用权进行抵押留下了空间。

— 7 —
建设用地使用权如何设立？

建设用地使用权，是权利人对国家所有的土地享有占有、使用和收益，利用该土地建造建筑物、构筑物及其附属设施的权利。建设用地使用权是使用最广泛、流通性最强的一种用益物权。在坚持城市土地归国家所有的大前提下，建设用地使用权解决了城市居民住宅用地、工商业及其他建设用地的需要。建设用地使用权的设立需要符合法定的条件。

第一，建设用地使用权需要在国有土地上设立。我国土地可分为国有土地和集体土地，集体土地上是不可以设立建设用地使用权的，但根据公共利益的需要，可以通过国家征收，将集体土地征收为国有土地，再设立建设用地使用权。

第二，遵循绿色原则。民法典第三百四十六条规定："设立建设用地使用权，应当符合节约资源、保护生态环境的要求，遵守法律、行政法规关于土地用途的规定，不得损害已经设立的用益物权。"

第三，通过法定方式。建设用地使用权出让的方式主要有两种：有偿出让和无偿划拨。有偿出让是建设用地使用权出让的主要方式。民法典第三百四十七条规定："设立建设用地使用权，可以采取出让或者划拨等方式。工业、商业、旅游、娱乐和商品住宅等经营性用地以及同一土地有两个以上意向用地者的，应当采取招标、拍卖等公开竞价的方式出让。严格限制以划拨方式设立建设用地使用权。"

第四，需要签订书面合同。民法典第三百四十八条第一款规定："通过招标、拍卖、协议等出让方式设立建设用地使用权的，当事人应当采用书面形式订立建设用地使用权出让合同。"划拨土地不需要签订合同，只要有关机关审批即可。

第五，向登记机构申请建设用地使用权登记。民法典第三百四十九条规定："设立建设用地使用权的，应当向登记机构申请建设用地使用权登记。建设用地使用权自登记时设立。登记机构应当向建设用地使用权人发放权属证书。"只有登记了，建设用地使用权才能设立，不经登记就没有建设用地使用权。

国家通过出让的方式，使建设用地使用权人获得一定期限内利用土地的权利。土地使用权出让的最高年限为：居住用地70年，工业用地50年，教育、科技、文化、卫生、体育用地50年，商业、旅游、娱乐用地40年，综合或者其他用地50年。因此，建设用地使用权期限届满后，面临如何续期的问题。民法典第三百五十九条规定："住宅建设用地使用权期限届满的，自动续期。续期费用的缴纳或者减免，依照法律、行政法规的规定办理。非住宅建设用地使用权期限届满后的续期，依照法律规定办理。该土地上的房屋以及其他不动产的归属，有约定的，按照约定；没有约定或者约定不明确的，依照法律、行政法规的规定办理。"城市居民通过购买商品房，实际上取得了两个权利，一是房屋的所有权，二是房屋所占用范围内的土地使用权。房屋所有权是没有期限的，但住宅的建设用地使用权最长是70年，也就是通常所说的"70年产权"。关于自动续期问题，民法典作出了一个原则性规定，即住宅建设用地使用权期限届满的，自动续期。续期费用的缴纳或者减免，依照法律、行政法规的规定办理。

= 8 =
宅基地使用权如何设立？

宅基地使用权，是集体成员依法对集体所有的土地进行占有和使用，并依法利用该土地建造住宅及其附属设施的权利。宅基地归集体所有，这是宅基地使用权能够成为用益物权的前提。农民使用宅基地是对集体所有的土地的使用。

对于宅基地使用权，民法典第三百六十二条规定："宅基地使用权人依法对集体所有的土地享有占有和使用的权利，有权依法利用该土地建造住宅及其附属设施。"

对于宅基地使用权的设立和流转，民法典第三百六十三条规定："宅基地使用权的取得、行使和转让，适用土地管理的法律和国家有关规定。"我国土地管理法和国家有关规定对宅基地使用权的设立和流转进行了严格的限制，在保障集体成员基本居住权利的同时，防止个人利用宅基地谋取其他不正当的利益。土地管理法第六十二条规定："农村村民一户只能拥有一处宅基地，其宅基地的面积不得超过省、自治区、直辖市规定的标准。人均土地少、不能保障一户拥有一处宅基地的地区，县级人民政府在充分尊重农村村民意愿的基础上，可以采取措施，按照省、自治区、直辖市规定的标准保障农村村民实现户有所居。农村村民建住宅，应当符合乡（镇）土地利用总体规划、村庄规划，不得占用永久基本农田，并尽量使用原有的宅基地和村内空闲地。编制乡（镇）土地利用总体规划、村庄规划应当统筹并合理安排宅基地用地，改善农村村民居住环境和条件。农村村民住宅用地，由乡（镇）人民政府审核批准；其中，涉及占用农用地的，依照本法第四十四条的规定办理审批手续。农村村民出卖、出租、赠与住宅后，再申请宅基地的，不予批准。国家允许进城落户的农村村民依法自愿有偿退出宅基地，鼓励农村集体经济组织及其成员盘活利用闲置宅基地和闲置住宅。"

— 9 —
如何设立居住权？

居住权是指权利人为满足生活居住的需要，按照合同约定，对他人的住宅享有占有、使用的用益物权。民法典新增居住权，这是保障基本人权的一个重要举措，第三百六十六条规定："居住权人有权按照合同约定，对他人的住宅享有占有、使用的用益物权，以满足生活居住的需要。"

物权编贯彻了党的十九大提出的加快建立多主体供给、多渠道保障住房制度的要求，规定"居住权"这一新型用益物权。根据民法典的规定，居住权是将房屋所有权在居住权人和所有人之间进行配置。我国原来的法律只承认"房屋所有权"以及"租赁权"两种房屋的利用形式，难以满足当事人的多样化需求。居住权具有稳定性和灵活性，能够充分保障所有权人对房屋的自由支配，为房屋的利用提供了更多方式，既有利于最大限度地发挥房屋的效用，又能实现对特定群体的住房保障，灵活地满足当事人的生活居住需要。居住权是一项新型的用益物权，具有以下三个方面的特点。

第一，居住权比租赁权更能保障人们长期稳定居住的需求。设立居住权后，只要在约定的期限内，除了居住权人外，包括这个房子所有人在内的其他人既不能住在这个房子内，也不能赶走居住权人。

第二，居住权是专属于居住权人的。除非另有约定，居住权人不能把房子租给其他人。约定居住到居住人去世为止的，在他去世后居住权消失，他的继承人也不能继承他的居住权。

第三，没有约定有偿使用，居住权人则无偿使用相关房屋。即使新的房主买受了房屋，也不能向居住权人索要居住费。民法典第三百六十八条规定："居住权无偿设立，但是当事人另有约定的除外。"

关于居住权的设立，民法典第三百六十七条规定："设立居住权，当事人应当采用书面形式订立居住权合同。居住权合同一般包括下列条款：（一）当事人的姓名或者名称和住所；（二）住宅的位置；（三）居住的条件和要求；（四）居住权期限；（五）解决争议的方法。"第三百六十八条规定："设立居住权的，应当向登记机构申请居住权登记。居住权自登记时设立。"据此，设立居住权需要经过两个步骤：第一步，房屋的所有权人与居住权人签订一个关于居住权的书面合同，表示当事人双方有设立居住权的合意；第二步，当事人到房产登记机构申请居住权登记。居住权是从登记之时起设立的，而不是签订合同时。如果没有登记，居住权就尚未设立，但居住权合同依然有效。

第四章

合　同

HETONG

合同制度是市场经济的基本法律制度。合同是平等主体的自然人、法人、非法人组织之间设立、变更、终止民事权利义务关系的协议，民法典合同编调整的是因合同产生的民事法律关系。1999 年 3 月，九届全国人大二次会议通过了合同法。民法典第三编"合同"在合同法的基础上，贯彻全面深化改革的精神，坚持维护契约自由、平等交换、公平竞争，促进商品和要素自由流动，完善了合同制度。

— 1 —
合同编的主要内容有哪些？

民法典合同编共 3 个分编、29 章、526 条，主要规定了以下内容。

（1）合同的一般性规则

第一分编为通则，规定了合同的订立、效力、履行、保全、转让、终止、违约责任等一般性规则，并在原合同法的基础上，完善了合同总则制度。

第一，合同的订立又称缔约，是当事人为设立、变更、终止财产权利义务关系而进行协商、达成协议的过程。订立合同可采用书面形式、口头形式或者其他形式，合同的内容由当事人自行约定，但不能违反法律法规等禁止性规定，否则合同无效。要约是希望与他人订立合同的意思表示。承诺是受要约人同意要约的意思表示。民法典第四百七十一条规定："当事人订立合同，可以采取要约、承诺方式或者其他方式。"

第二，合同的效力，是依法成立的合同对当事人所产生的约束力。一般来说，依法成立的合同，自成立时生效，但是法律另有规定或者当事人另有约定的除外。合同的效力形态主要有四种：有效合同、无效合同、效力待定合同以及可变更可撤销合同。民法典合同编将"未生效"制度纳入了合同效力形态。因此，合同未生效不等于合同无效，因这两种效力瑕疵给守约方造成损失的，违约方承担的也是不同的民事法律责任。

第三，合同的履行，是合同当事人按照合同的约定全面地、适当地履行合同义务，使合同目的得到完全实现，合同法律关系归于消灭的行为。履约过程应当遵循诚信原则、绿色原则等。合同的履行是达到合同目的的基本要求，这种特定的履行行为既包含积极作为，也包含消极不作为。"积极作为"包括但不限于支付价款、交付标的物等；"消极不作为"包括不采取与合同对方当事人相竞争的企业交易、不披露对方的商业秘密等行为。

第四，合同的保全。合同订立后，为增强债务人偿还债务的能力，防止因债务人的财产不当减少或不增加而给债权人的债权带来损害，法律允许债权人行使撤销权或代位权，以保全债务人的总财产，达到实现其合同债权的目的。所谓债权人撤销权制度，是指债权人对债务人无偿转让财产或是以明显不合理的低价转让财产的行为，债权人可以请求人民法院撤销债务人的行为，但前提是该转让行为确实损害了债权人的债权。所谓债权人代位权制度，简单地说，就是指债务人到期不偿还债权人的债权，债权人可以向人民法院请求自己直接代位行使债务人的其他债权。

第五，合同的变更和转让。合同订立后并不是永远不能改变，而是可以变更或转让的。合同的变更分为法定变更、裁判变更和协商变更。经当事人协商一致，可以变更合同，此为协商变更。当事人还可以将债权的全部或部分转让给第三人，但是债权的转让协议须通知债务人，未通知的，该转让对债务人不发生效力。不过，只要债权人实施了有效的通知行为即可，无须就债权转让事项征得债务人的同意。

第六，合同的权利义务终止。民法典第五百五十七条规定了债权债务终止的六种情形。合同的解除分为约定解除和法定解除。当事人协商一致，可以解除合同，这是约定解除权的行使事由，但该解除权的行使必须是在合同有效成立后、尚未履行完毕之前。民法典第五百六十三条还规定了法定解除权的行使，其中包括"因不可抗力致使不能实现合同目的"等情形。在这些法定解除事由的情形下，拥有解除权的一方当事人可以单方面行使解除权，而无须和对方协商一致。

第七，违约责任。订立合同就要遵守和履行，如果当事人一方不履行合同义务或者履行合同义务不符合约定，就要承担违约责任。民法典对违约行为的规定有两种形态：不履行合同义务或履行合同义务不符合约定。这两种形态都构成违约，都应承担相应的违约责任。

（2）19 种典型合同制度

合同遵循的是"合同自由"原则，即当事人在不违反法律强制性规定以及公序良俗的前提下，可订立任何内容的合同。以法律是否设有规范并赋予一个特定的名称为标准，可将合同区分为典型合同与非典型合同。典型合同在市场经济活动和社会生活中应用普遍。法律创设典型合同，主要意义在于：一是以任意性规定来补充当事人约定中的不完善之处，减轻当事人订立合同时的负担。如在买卖合同中，当事人对于合同要素，如买卖标的物和价款等，必有约定，否则合同不成立，但对其他事项，如履行时间、履行地点、质量要求、风险负担等，则遵循当事人意思自治原则。二是典型合同中设有强行性规范，以矫正损害公共利益、国家利益或当事人合法利益的约定。

原合同法只规定了 15 种典型合同，即买卖合同，供用电、水、气、热力合同，赠与合同，借款合同，租赁合同，融资租赁合同，承揽合同，建设工程合同，运输合同，技术合同，保管合同，仓储合同，委托合同，行纪合同，居间合同。民法典合同编保留了其中 14 种典型合同，删除了居间合同，并新增了 5 种，即保证合同、保理合同、物业服务合同、中介合同以及合伙合同，使合同编共包含 19 种典型合同。

物业服务一直是被很多小区业主所诟病的问题，有的小区业主和物业之间的关系一度处于水深火热之中。此次民法典合同编专门将物业服务合同作为典型合同独立出来，足以说明国家层面对这一问题的重视。合同编明确规定了物业服务合同的内容及形式，规定了物业服务人定期公开与报告义务，明确了物业服务人催缴物业费的方式等事项。

合伙行为在日常生活中普遍存在，合伙合同就是两个以上合伙人为了共同的事业目的，订立的共享利益、共担风险的协议。合同编对合伙人出资、合伙财产的分割、合伙利润的分配及合伙亏损的承担和合伙债权、债务等内容都作了详细的规定。

（3）准合同制度

合同编第三分编"准合同"分别对无因管理和不当得利的一般性规则作了规定。

准合同又称"类合同"，其本质不是合同，但和合同一样，都属于"债"。债发生的原因包括合同、侵权、无因管理和不当得利，除合同是由合同当事人双方协商的意定之债外，另外三种都属于法定之债。由于无因管理和不当得利的产生或多或少是基于当事人"自愿"的意思表示，与合同之债有类似性，因此这种合同被称为"准合同"。

无因管理，是指没有法定的或约定的义务，为避免他人利益受损而管理他人事务的行为。简单来说，无因管理可以看成"多管闲事"，不过无因管理却是善意的行为。民法典第九百七十九条第一款规定："管理人没有法定的或者约定的义务，为避免他人利益受损失而管理他人事务的，可以请求受益人偿还因管理事务而支出的必要费用；管理人因管理事务受到损失的，可以请求受益人给予适当补偿。"

不当得利，是指得利人没有法律根据取得不当利益的情况。例如，我们在银行、微信或支付宝转款时，不小心多转给收款方的金额就构成不当得利，收款方就叫作不当得利人。民法典第九百八十五条规定："得利人没有法律根据取得不当利益的，受损失的人可以请求得利人返还取得的利益，但是有下列情形之一的除外：（一）为履行道德义务进行的给付；（二）债务到期之前的清偿；（三）明知无给付义务而进行的债务清偿。"

═ 2 ═

如何订立合同？

合同订立之后，当事双方之间才能产生权利义务关系，因此，合同的订立，是合同履行、变更、解除的先决条件。

（1）合同订立

合同订立是缔约当事人互为意思表示并达成合意而成立合同。民法典第四百六十九条规定："当事人订立合同，可以采用书面形式、口头形式或者其他形式。书面形式是合同书、信件、电报、电传、传真等可以有形地表现所载内容的形式。以电子数据交换、电子邮件等方式能够有形地表现所载内容，并可以随时调取查用的数据电文，视为书面形式。"

（2）合同的内容和订立方式

民法典第四百七十条第一款规定："合同的内容由当事人约定，一般包括下列条款：（一）当事人的姓名或者名称和住所；（二）标的；（三）数量；（四）质量；（五）价款或者报酬；（六）履行期限、地点和方式；（七）违约责任；（八）解决争议的方法。"

民法典合同编在订立合同的方式上为当事人提供了更多"选项"。民法典第四百七十一条规定："当事人订立合同，可以采取要约、承诺方式或者其他方式。"通常，在合同订立中，一方当事人提出要约，另一方当事人予以承诺，双方就交易目的及其实现达成合意，合同即告成立。因此，要约和承诺是合同订立的主要方式。然而，在实践中，也存在一些合同，并非以要约、承诺的方式订立。比如，通过招投标方式签订的合同，就很难用要约和承诺的规则来解释，应属于通过"其他方式"订立的合同。

（3）要约

要约是合同订立的方式之一，是一方当事人向他人发出的，希望与他人订立合同的意思表示。发出要约的一方为要约人，接收要约的一方为受要约人。要约可以撤销，但在特定情形下，要约不可撤销。民法典第四百七十六条规定："要约可以撤销，但是有下列情形之一的除外：（一）要约人以确定承诺期限或者其他形式明示要约不可撤销；（二）受要约人有理由认为要约是不可撤销的，并已经为履行合同做了合理准备工作。"

要约不同于要约邀请。要约邀请是当事人订立合同的预备行为，只是希望他人发出要约，不能因相对人的承诺而成立合同。民法典第四百七十三条规定："要约邀请是希望他人向自己发出要约的表示。拍卖公告、招标公告、招股说明书、债券募集办法、基金招募说明书、商业广告和宣传、寄送的价目表等为要约邀请。商业广告和宣传的内容符合要约条件的，构成要约。"可见，在要约邀请阶段，民法典丰富了要约邀请的类型，将拍卖公告、招标公告、招股说明书、债券募集办法、寄送的价目表等几种形态均作为要约邀请的形态，并明确商业广告和宣传的内容符合要约条件的，直接构成要约。

（4）承诺

承诺是受要约人向要约人作出同意要约的意思表示。按照民法典的规定，受要约人作出承诺要注意以下几点。

第一，承诺应当以通知的方式作出。但是，根据交易习惯或者要约表明可以通过行为作出承诺的除外。

第二，承诺应当在要约确定的期限内到达要约人。要约没有确定承诺期限的，承诺应当依照下列规定到达：要约以对话方式作出的，应当即时作出承诺；要约以非对话方式作出的，承诺应当在合理期限内到达。

第三，承诺的内容应当与要约的内容一致。受要约人对要约的内容作出实质性变更的，为新要约。有关合同标的、数量、质量、价款或者报酬、履行期限、履行地点和方式、违约责任和解决争议方法等的变更，是对要约内容的实质性变更。承诺对要约的内容作出非实质性变更的，除要约人及时表示反对或者要约表明承诺不得对要约的内容作出任何变更外，该承诺有效，合同的内容以承诺的内容为准。

第四，承诺的撤回。民法典第四百八十五条规定："承诺可以撤回。承诺的撤回适用本法第一百四十一条的规定。"根据该规定，行为人可以撤回意思表示。撤回意思表示的通知应当在意思表示到达相对人前或者与意思表示同时到达相对人。

（5）合同成立

一般情况下，承诺生效时合同成立，但是法律另有规定或者当事人另有约定的除外。由于不同形式的承诺生效时间不同，合同的成立时间也有所不同，根据民法典的规定，大致有以下几种合同成立的情形。

第一，以对话方式作出的承诺，到达要约人时承诺生效，合同成立。

第二，承诺是采用数据电文形式作出的，要约人指定特定系统接收数据电文的，该数据电文进入该特定系统时承诺生效，合同成立；未指定特定系统的，要约人知道或者应当知道该数据电文进入其系统时承诺生效，合同成立。当事人对采用数据电文形式的承诺的生效时间另有约定的，按照其约定，合同成立的时间从其约定。

第三，承诺不需要通知的，根据交易习惯或者要约的要求作出承诺的行为时生效，合同成立。

第四，当事人采用合同书形式订立合同的，自当事人均签名、盖章或者按指印时合同成立。在签名、盖章或者按指印之前，当事人一方已经履行主要义务，对方接受时，该合同成立。

第五，法律、行政法规规定或者当事人约定合同应当采用书面形式订立，当事人未采用书面形式但是一方已经履行主要义务，对方接受时，该合同成立。

第六，当事人采用信件、数据电文等形式订立合同要求签订确认书的，签订确认书时合同成立。

第七，当事人一方通过互联网等信息网络发布的商品或者服务信息符合要约条件的，对方选择该商品或者服务并提交订单成功时合同成立，但是当事人另有约定的除外。

— 3 —
对于政府机关参与订立的合同，
应当如何处理？

民法典合同编的调整范围涵盖了所有平等民事主体之间设立、变更、终止民事权利义务关系的协议。不属于民事关系的其他活动，不适用合同编。民法典第四百六十三条规定："本编调整因合同产生的民事关系。"

对于政府机关参与订立的合同，应当区别不同情况分别处理。

第一，政府机关作为平等的主体与相对方签订的合同，属于一般的合同关系，适用合同编。

第二，属于行政管理关系的协议，如有关综合治理、环境保护等的协议，不是民事关系，不适用本编的规定。

第三，政府的采购活动。对于政府采购行为本身，由政府采购法进行规范，而政府与相对方之间订立的政府采购合同适用合同编。

第四，关于指令性任务或国家订货任务的问题。民法典第四百九十四条规定："国家根据抢险救灾、疫情防控或者其他需要下达国家订货任务、指令性任务的，有关民事主体之间应当依照有关法律、行政法规规定的权利和义务订立合同。依照法律、行政法规的规定负有发出要约义务的当事人，应当及时发出合理的要约。依照法律、行政法规的规定负有作出承诺义务的当事人，不得拒绝对方合理的订立合同要求。"

— 4 —
合同未生效与合同无效有何区别?

所谓合同生效,就是指已经成立的合同在当事人之间产生法律约束力。关于合同生效的时间,民法典第五百零二条第一款规定:"依法成立的合同,自成立时生效,但是法律另有规定或者当事人另有约定的除外。"

原合同法中未明确规定合同报批义务条款的单独效力。最高人民法院的司法解释针对合同法第四十四条第二款规定,即"法律、行政法规规定应当办理批准、登记等手续生效的,依照其规定",提炼了"未生效"合同这一概念。民法典合同编将未生效纳入了合同效力形态。民法典第五百零二条第二款规定:"依照法律、行政法规的规定,合同应当办理批准等手续的,依照其规定。未办理批准等手续影响合同生效的,不影响合同中履行报批等义务条款以及相关条款的效力。应当办理申请批准等手续的当事人未履行义务的,对方可以请求其承担违反该义务的责任。"这一制度安排更合理,因为它对合同效力留有余地,可在一定期间视情况发展变化再作最终裁判。因此,在学习民法典第五百零二条第二款的规定时,应当这样理解:依照法律、行政法规的规定应当办理批准等手续才生效的合同,在办理了相关的手续时生效。如果没有办理批准等手续,该合同不生效。

但合同未生效不等于合同无效,未办理批准等手续的,仍可以通过补办报批手续而使其生效。未办理批准等手续,并不影响合同中履行报批等义务条款以及相关条款的效力。负有履行报批义务的当事人拒不履行该义务，致使合同无法生效的，应当承担损害赔偿责任，给对方当事人造成损失的，应承担缔约过失责任。合同编之所以作出这一规定，其意义就在于强调依法成立合同的重要性，除当事人同意或有解除原因外，不容任何一方任意反悔解约、无故撤销。同时也督促当事人积极诚信地促使合同按其原有的意思生效，此时并不涉及合同权利义务的履行。

对于什么情形会导致合同无效，民法典并未明确规定，但民法典第一编第六章第三节规定了民事法律行为无效的情形。根据民事法律行为无效的相关规定，合同无效的法定情形有以下五种。一是不适格主体所签订的合同无效。民法典第一百四十四条规定："无民事行为能力人实施的民事法律行为无效。"二是意思表示不真实的合同无效。民法典第一百四十六条第一款规定："行为人与相对人以虚假的意思表示实施的民事法律行为无效。"三是违法违规签订的合同无效。民法典第一百五十三条第一款规定："违反法律、行政法规的强制性规定的民事法律行为无效。但是，该强制性规定不导致该民事法律行为无效的除外。"四是违背公序良俗的合同无效。民法典第一百五十三条第二款规定："违背公序良俗的民事法律行为无效。"五是恶意串通损害他人利益的合同无效。民法典第一百五十四条规定："行为人与相对人恶意串通，损害他人合法权益的民事法律行为无效。"

无效的合同，自始没有法律约束力，国家不予承认和保护，一旦确认无效，具有溯及力，从合同订立之日起就不具有法律约束力。

— 5 —
如何理解格式条款及其无效情形？

民法典第四百九十六条第一款规定："格式条款是当事人为了重复使用而预先拟定，并在订立合同时未与对方协商的条款。"这一规定明确了格式条款的含义，其最实质的特征在于"未与对方协商"。"未与对方协商"，是指格式条款提供方没有就条款内容与相对方进行实质上的磋商，相对方对条款内容并没有进行实际修改的余地。

格式条款存在于广泛的民商事活动领域，具有重复使用的特征。它是一方预先制定的，另一方在签订合同时面对的就是形式和内容固定的条款，因无法变更，只能选择签或者不签。为了促进公平交易，民法典合同编对格式条款作了严格的规定，第四百九十六条第二款规定："采用格式条款订立合同的，提供格式条款的一方应当遵循公平原则确定当事人之间的权利和义务，并采取合理的方式提示对方注意免除或者减轻其责任等与对方有重大利害关系的条款，按照对方的要求，对该条款予以说明。提供格式条款的一方未履行提示或者说明义务，致使对方没有注意或者理解与其有重大利害关系的条款的，对方可以主张该条款不成为合同的内容。"根据该规定，格式条款提供方要尽到提示、说明义务，并明确违反该义务的法律后果。

格式条款提供方应当采取合理的方式，提示对方注意免除或者减轻自己责任等与对方有重大利害关系的条款，还要按照对方的要求，对该条款予以说明、解释，使相对方真正理解该条款的含义。如果格式条款提供方未履行提示、说明义务，对方可以主张该条款不成为合同的内容。

关于无效的格式条款，民法典第四百九十七条规定："有下列情形之一的，该格式条款无效：（一）具有本法第一编第六章第三节和本法第五百零六条规定的无效情形；（二）提供格式条款一方不合理地免除或者减轻其责任、加重对方责任、限制对方主要权利；（三）提供格式条款一方排除对方主要权利。"根据该规定，格式条款无效的情形分为三种类型。

第一，与其他民事法律行为通用的无效情形。即具有总则编第六章第三节和本法第五百零六条规定的无效情形。总则编第六章第三节对民事法律行为的无效情形作了总括性规定，如果格式条款具有其中规定的民事法律行为的无效情形，则该格式条款无效。民法典第五百零六条规定："合同中的下列免责条款无效：（一）造成对方人身损害的；（二）因故意或者重大过失造成对方财产损失的。"格式条款如果具有这一规定的情形，当然是无效的。

第二，免除己方责任、加重对方责任、限制对方主要权利的格式条款无效。这种条款属于违背公平原则的情形，比如，饭店张贴的告示中写有"禁止自带酒水""包间最低消费 1000 元""收取酒水开瓶费"等，超市张贴的促销广告中写有"最终解释权属于本店"等，这些都属于限制消费者权利的情形，属于无效的格式条款。

第三，排除对方主要权利的格式条款无效。这也属于违背公平原则的情形。

▬ 6 ▬
合同履行应当遵循哪些原则?

合同签订后，合同双方应根据合同约定履行相应的义务。民法典第五百零九条规定:"当事人应当按照约定全面履行自己的义务。当事人应当遵循诚信原则，根据合同的性质、目的和交易习惯履行通知、协助、保密等义务。当事人在履行合同过程中，应当避免浪费资源、污染环境和破坏生态。"据此，合同履行应当遵循以下三项基本原则。

（1）全面履行原则

合同生效后，当事人应当按照合同约定的标的、数量、质量、价款或报酬、履行期限、履行地点、履行方式等内容全面完成合同义务。合同生效后，针对没有约定或者约定不明确的事项如何处理的问题，民法典第五百一十条规定:"合同生效后，当事人就质量、价款或者报酬、履行地点等内容没有约定或者约定不明确的，可以协议补充；不能达成补充协议的，按照合同相关条款或者交易习惯确定。"

如果当事人对内容约定不明确的合同无法达成协议，又不能依据合同其他条款或者交易习惯确定的，民法典第五百一十一条规定了合同内容的确定准则:"当事人就有关合同内容约定不明确，依据前条规定仍不能确定的，适用下列规定:（一）质量要求不明确的，按照强制性国家标准履行；没有强制性国家标准的，按照推荐性国家标准履行；没有推荐性国家标准的，按照行业标准履行；没有国家标准、行业标准的，按照通常标准或者符合合同目的的特定标准履行。（二）价款或者报酬不明确的，按照订立合同时履行地的市场价格履行；依法应当执行政府定价或者政府指导价的，依照规定履行。（三）履行地点不明确，给付货币的，在接受货币一方所在地履行；交付不动产的，在不动产所在地履行；其他标的，在履行义务一方所在地履行。（四）履行期限不明确的，债务人可以随时履行，债权人也可以随时请求履行，但是应当给对方必要的准备时间。（五）履行方式不明确的，按照有利于实现合同目的的方式履行。（六）履行费用的负担不明确的，由履行义务一方负担；因债权人原因增加的履行费用，由债权人负担。"

（2）诚信履行原则

当事人应当按照诚信原则行使合同权利、履行合同义务。基于该原则，当事人也应当根据合同的性质、目的和交易习惯履行附随义务，即合同没有作出约定但依照诚信原则应当履行的通知、协助、保密等义务。

（3）绿色原则

当事人在履行合同过程中，应当避免浪费资源，避免污染环境和破坏生态。在履行合同的方式上顺应绿色要求，并且将环境保护作为当事人的附随义务加以执行。民法典第五百五十八条规定："债权债务终止后，当事人应当遵循诚信等原则，根据交易习惯履行通知、协助、保密、旧物回收等义务。"该规定中的"旧物回收"义务，就是附随义务中增设的落实绿色原则的一项重要义务。此外，民法典第六百一十九条规定："出卖人应当按照约定的包装方式交付标的物。对包装方式没有约定或者约定不明确，依据本法第五百一十条的规定仍不能确定的，应当按照通用的方式包装；没有通用方式的，应当采取足以保护标的物且有利于节约资源、保护生态环境的包装方式。"这一规定强调买卖合同中出卖人的"包装义务"，也是落实绿色原则的另一项重要义务。

— 7 —
什么是情势变更制度？

情势变更制度，是民法典合同编新增加的一项内容，是指合同依法成立后，客观情况发生了无法预见的重大变化，致使原来订立合同的基础丧失，如继续履行合同，则对一方当事人明显不公平，因此，允许变更或者解除合同，以维持当事人之间的公平。民法典第五百三十三条规定："合同成立后，合同的基础条件发生了当事人在订立合同时无法预见的、不属于商业风险的重大变化，继续履行合同对于当事人一方明显不公平的，受不利影响的当事人可以与对方重新协商；在合理期限内协商不成的，当事人可以请求人民法院或者仲裁机构变更或者解除合同。人民法院或者仲裁机构应当结合案件的实际情况，根据公平原则变更或者解除合同。"这为当事人公平履行合同提供了法律依据。

情势变更制度，以前曾反复出现在司法政策文件和司法解释中，但因为在司法实践中，司法机关难以对情势变更作出科学的界定，而且它和商业风险的界限也难以划清，因此，在原合同法以及原民法总则中都未规定这一制度。对于社会大众的日常工作生活而言，"情势变更"

和人们息息相关。情势变更事件主要表现为影响合同履行的社会经济形势的剧变，如物价暴涨、严重通货膨胀、金融危机、重大突发公共卫生事件等。例如，2020 年初新冠肺炎疫情暴发，对合同当事人的利益造成了巨大影响，如何妥善分配因疫情和防控措施给当事人造成的损失，是必须面对和解决的现实问题。最高人民法院于 2020 年 5 月发布的《关于依法妥善审理涉新冠肺炎疫情民事案件若干问题的指导意见（二）》对此作了规定。根据该指导意见，合同能够继续履行，但疫情和防控措施导致履约成本显著增加，继续履行合同对一方当事人明显不公平的，受不利影响的当事人有权请求变更合同，如调整价款、变更履行时间等。

— 8 —
合同不履行或不完全履行有何种违约责任？

对于当事人不履行或不完全履行合同，应当承担何种责任，民法典第五百七十七条规定："当事人一方不履行合同义务或者履行合同义务不符合约定的，应当承担继续履行、采取补救措施或者赔偿损失等违约责任。"据此，违约责任包括以下三种形式。

（1）继续履行

也称为实际履行，就是按照合同的约定继续履行义务。继续履行有一个前提，即履行必须具有实际的可行性。为了保证合同的有效实现，适用继续履行的情形主要有以下两类情况。

第一，当事人未履行金钱债务的，债权人可以主张继续履行。民法典第五百七十九条规定："当事人一方未支付价款、报酬、租金、利息，或者不履行其他金钱债务的，对方可以请求其支付。"

第二，当事人一方不履行非金钱债务或者履行非金钱债务不符合约定的，债权人可以主张继续履行。民法典第五百八十条规定："当事人一方不履行非金钱债务或者履行非金钱债务不符合约定的，对方可以请求履行，但是有下列情形之一的除外：（一）法律上或者事实上不能履行；（二）债务的标的不适于强制履行或者履行费用过高；（三）债权人在合理期限内未请求履行。有前款规定的除外情形之一，致使不能实现合同目的的，人民法院或者仲裁机构可以根据当事人的请求终止合同权利义务关系，但是不影响违约责任的承担。"根据这一规定，如果当事人一方不履行非金钱债务或者履行非金钱债务不符合约定，且非金钱债务能够继续履行，则守约方可以请求违约方继续履行。该规定还明确了不能请求继续履行的三种情形。在这些情形下，合同已经无法继续履行，当事人可以向法院或者仲裁机构申请解除合同，并要求对方承担违约责任，赔偿损失。

（2）补救措施

债务人履行合同义务不符合约定的，主要是标的的品质、数量等不符合约定，可以采取一些补救措施，主要包括修理、重作、更换、退货、减少价款或者报酬。民法典第五百八十二条规定："履行不符合约定的，应当按照当事人的约定承担违约责任。对违约责任没有约定或者约定不明确，依据本法第五百一十条的规定仍不能确定的，受损害方根据标的的性质以及损失的大小，可以合理选择请求对方承担修理、重作、更换、退货、减少价款或者报酬等违约责任。"

（3）赔偿损失

违约赔偿损失责任的构成要件包括：一是有违约行为，即当事人一方不履行合同义务或者履行合同义务不符合约定。二是违约行为造成了对方的损失。如果违约行为未给对方造成损失，则不能用赔偿损失的方式追究违约人的民事责任。三是违约行为与对方损失之间有因果关系，即对方的损失是违约行为所导致的。四是无免责事由。违约的赔偿损失包括约定的赔偿损失和法定的赔偿损失。约定的赔偿损失由第三人在订立合同时，事先进行约定。民法典第五百八十四条规定了法定的违约赔偿损失："当事人一方不履行合同义务或者履行合同义务不符合约定，造成对方损失的，损失赔偿额应当相当于因违约所造成的损失，包括合同履行后可以获得的利益；但是，不得超过违约一方订立合同时预见到或者应当预见到的因违约可能造成的损失。"根据该规定，违约损失赔偿额应当相当于因违约所造成的损失，包括以下两类。

第一，实际损失，即所受损害，是指因违约而导致现有利益的减少，是现实利益的损失，又被称为积极损失。实际损失具体包括：一是信赖利益的损失，包括费用的支出、丧失其他交易机会的损失以及因对方违约导致自己对第三人承担违约赔偿的损失等。二是固有利益的损失，这体现在债务人违反保护义务的情形中。

第二，可得利益，即所失利益，是指受害人在合同履行后本可以获得的，但因违约而无法获得的利益，是未来的、期待的利益的损失，又被称为消极损失。可得利益是合同履行后债权人所能获得的纯利润。

可得利益也可能与信赖利益中的丧失其他交易机会的损失存在重合。根据交易的性质、合同的目的等因素，可得利益损失主要分为生产利润损失、经营利润损失和转售利润损失等类型。

按照规定，违约赔偿的数额不得超过违反合同一方订立合同时预见到或者应当预见到的因违反合同可能造成的损失，这不仅适用于对可得利益的限制，也适用于对实际损失的限制。根据规定，可预见性规则的适用应当注意以下问题：一是预见的主体是违约方，而不是非违约方。二是预见的标准是客观的理性人标准，即应为一个正常勤勉的人处在违约方的位置所能合理预见到的。此时，可以考虑当事人的身份或者业务能力、预期利益的告知或知晓、合同主要内容、是不是超过社会一般期待的投资行为等因素。三是预见的时点是订立合同之时，而不是违约之时。四是预见的内容是损失的类型或者种类，而无须预见到损失的具体范围。

— 9 —
如何理解电子合同？

电子合同是互联网时代衍生出的新型缔约形式，是交易双方利用数据信息，在互联网上进行数据交易和自动处理来完成订单的合同类型。如今是一个万物互联的时代，民法典合同编回应了这一时代变化，为线上经济交易提供规范，助力电子商务的发展。

（1）电子合同仍应遵循合同缔结的一般原则与步骤

以网络购物为例，商家在网络平台上发布商品信息，包括价格、数量、质量等内容，符合要约的条件，属于商家向消费者发出的要约。消费者在网络平台上选定商品，提交订单即为承诺。订单一旦提交成功，合同即成立，订单提交成功的时间即为合同成立的时间。民法典第四百九十一条第二款规定："当事人一方通过互联网等信息网络发布的商品或者服务信息符合要约条件的，对方选择该商品或者服务并提交订单成功时合同成立，但是当事人另有约定的除外。"

（2）电子合同作为新型缔约形式，仍属于书面形式的合同

民法典第四百六十九条规定："当事人订立合同，可以采用书面形式、口头形式或者其他形式。书面形式是合同书、信件、电报、电传、传真等可以有形地表现所载内容的形式。以电子数据交换、电子邮件等方式能够有形地表现所载内容，并可以随时调取查用的数据电文，视为书面形式。"据此，凡是可以有形地表现所载内容的形式，都可以作为合同的书面形式。数据电文要符合书面形式，必须满足两个条件：一是能够有形地表现所载内容；二是可以随时调取查用。

（3）电子合同成立的地点

一般来说，承诺生效时，合同成立，承诺生效的地点为合同成立的地点。但是，对于以数据电文形式订立合同的成立地点，难以按照"承诺生效的地点为合同成立的地点"来确定。民法典第四百九十二条第二款规定："采用数据电文形式订立合同的，收件人的主营业地为合

同成立的地点；没有主营业地的，其住所地为合同成立的地点。当事人另有约定的，按照其约定。"

（4）关于电子合同如何交付的问题

民法典第五百一十二条规定："通过互联网等信息网络订立的电子合同的标的为交付商品并采用快递物流方式交付的，收货人的签收时间为交付时间。电子合同的标的为提供服务的，生成的电子凭证或者实物凭证中载明的时间为提供服务时间；前述凭证没有载明时间或者载明时间与实际提供服务时间不一致的，以实际提供服务的时间为准。电子合同的标的物为采用在线传输方式交付的，合同标的物进入对方当事人指定的特定系统且能够检索识别的时间为交付时间。电子合同当事人对交付商品或者提供服务的方式、时间另有约定的，按照其约定。"

根据上述规定，电子合同当事人对交付商品或者提供服务的方式、时间另有约定的，优先适用其约定。如果当事人没有约定，按照电子合同标的物是有形物还是无形物，将交付时间分为两类：第一类，电子合同标的物是有形物的，商品以签收时间为交付时间；提供服务的时间为电子凭证或实物凭证上载明的时间，凭证上未载明时间或者该时间与实际提供服务的时间不一致的，以实际提供服务的时间为准。第二类，电子合同标的物是无形物的，合同标的物进入对方当事人指定的特定系统且能够检索识别的时间为交付时间。

第五章

人格权

RENGE QUAN

　　人格权是民事主体享有的特定的人格利益和权利。人格权关系到每个民事主体尤其是自然人的人格尊严，是民事主体最基本的权利。民法典单独设置人格权编，是对党的十九大报告提出的"保护人民人身权、财产权、人格权"和宪法关于人身自由与人格尊严规定的具体落实，符合以人民为中心的发展思想，顺应了新时代人民群众对人格尊严、人格权保护的迫切需求，彰显了民法典的人民立场和人文关怀，体现了党和政府对人民人身权利和人格权利的日益关切。

═ 1 ═
人格权编的主要内容有哪些？

　　民法典人格权编从民事法律规范的角度规定自然人和其他民事主体人格权的内容、边界和保护方式，不涉及公民政治、社会等方面的权利。人格权编共 6 章、51 条，主要规定了以下内容。

（1）人格权的一般性规则

　　人格权编第一章规定了人格权的一般性规则。

　　第一，明确人格权的保护范围。民事主体享有生命权、身体权、健康权、姓名权、名称权、肖像权、名誉权、荣誉权、隐私权等权利。自然人还享有基于人身自由、人格尊严产生的其他人格权益。人格权编以"等权利""其他人格权益"的兜底方式，为具体人格权利的保护留下了空间。凡是侵犯他人人身自由、人格尊严的，无论是法律已经明确的具体人格权，还是尚未被命名的人格利益，均属于侵权行为，应承担民事责任。

第二，规定民事主体的人格权受法律保护，人格权不得放弃、转让或者继承。民法典第九百九十一条明确规定："民事主体的人格权受法律保护，任何组织或者个人不得侵害。"第九百九十二条规定："人格权不得放弃、转让或者继承。"

第三，规定了对死者人格权益的保护。民法典第九百九十四条规定："死者的姓名、肖像、名誉、荣誉、隐私、遗体等受到侵害的，其配偶、子女、父母有权依法请求行为人承担民事责任；死者没有配偶、子女且父母已经死亡的，其他近亲属有权依法请求行为人承担民事责任。"

第四，规定人格权受到侵害后的救济方式。首先，规定人格权受到侵害时，有关请求权不受诉讼时效限制。即受害人的停止侵害、排除妨碍、消除危险、消除影响、恢复名誉、赔礼道歉请求权，不适用诉讼时效的规定。这六项请求权，关系到人格存续、生存利益和伦理道德，不带有直接的财产利益，故不适用诉讼时效制度。其次，主张违约责任时可同时要求精神损害赔偿。因当事人一方的违约行为，损害对方人格权并造成严重精神损害，受损害方选择请求其承担违约责任的，不影响受损害方请求精神损害赔偿。再次，针对侵害人格权的行为人可申请行为禁令。民事主体有证据证明行为人正在实施或者即将实施侵害其人格权的违法行为，不及时制止将使其合法权益受到难以弥补的损害的，有权依法向人民法院申请采取责令行为人停止有关行为的措施。最后，对人格权侵权责任赔偿进行区分不同因素的差异化处理。认定行为人承担侵害除生命权、身体权和健康权外的人格权的民事责任，应当考虑行为人和受害人的职业、影响范围、过错程度，以及行为的目的、方式、后果等因素。

（2）生命权、身体权和健康权

人格权编第二章规定了生命权、身体权和健康权的具体内容，并对实践中社会比较关注的有关问题作了有针对性的规定。

第一，为促进医疗卫生事业的发展，鼓励遗体捐献的善行义举，民法典吸收行政法规的相关规定，确立器官捐献的基本规则。民法典第一千零六条规定："完全民事行为能力人有权依法自主决定无偿捐献其人体细胞、人体组织、人体器官、遗体。任何组织或者个人不得强迫、欺骗、利诱其捐献。完全民事行为能力人依据前款规定同意捐献的，应当采用书面形式，也可以订立遗嘱。自然人生前未表示不同意捐献的，该自然人死亡后，其配偶、成年子女、父母可以共同决定捐献，决定捐献应当采用书面形式。"

第二，为规范与人体基因、人体胚胎等有关的医学和科研活动，明确从事此类活动应遵守的规则。民法典第一千零八条规定："为研制新药、医疗器械或者发展新的预防和治疗方法，需要进行临床试验的，应当依法经相关主管部门批准并经伦理委员会审查同意，向受试者或者受试者的监护人告知试验目的、用途和可能产生的风险等详细情况，并经其书面同意。进行临床试验的，不得向受试者收取试验费用。"第一千零九条规定："从事与人体基因、人体胚胎等有关的医学和科研活动，应当遵守法律、行政法规和国家有关规定，不得危害人体健康，不得违背伦理道德，不得损害公共利益。"

第三，在总结既有立法和司法实践经验的基础上，规定了性骚扰的认定标准，以及机关、企业、学校等单位防止和制止性骚扰的义务。民法典第一千零一十条规定："违背他人意愿，以言语、文字、图像、肢体行为等方式对他人实施性骚扰的，受害人有权依法请求行为人承担民事责任。机关、企业、学校等单位应当采取合理的预防、受理投诉、调查处置等措施，防止和制止利用职权、从属关系等实施性骚扰。"

（3）姓名权和名称权

人格权编第三章规定了姓名权、名称权的具体内容，并对民事主体尊重保护他人姓名权、名称权的基本义务作了规定。

第一，对自然人选取姓氏的规则作了规定。民法典第一千零一十五条规定："自然人应当随父姓或者母姓，但是有下列情形之一的，可以在父姓和母姓之外选取姓氏：（一）选取其他直系长辈血亲的姓氏；（二）因由法定扶养人以外的人扶养而选取扶养人姓氏；（三）有不违背公序良俗的其他正当理由。少数民族自然人的姓氏可以遵从本民族的文化传统和风俗习惯。"

第二，明确对具有一定社会知名度，被他人使用足以造成公众混淆的笔名、艺名、网名等，参照适用姓名权和名称权保护的有关规定。民法典第一千零一十七条规定："具有一定社会知名度，被他人使用足以造成公众混淆的笔名、艺名、网名、译名、字号、姓名和名称的简称等，参照适用姓名权和名称权保护的有关规定。"

（4）肖像权

人格权编第四章规定了肖像权的权利内容及许可使用肖像权的规则，明确禁止侵害他人的肖像权。

第一，针对利用信息技术手段"深度伪造"他人的肖像、声音，侵害他人人格权益，甚至危害社会公共利益等问题，规定禁止任何组织或者个人利用信息技术手段伪造等方式侵害他人的肖像权。同时，明确对自然人声音的保护，参照适用肖像权利保护的有关规定。民法典第一千零一十九条第一款规定："任何组织或者个人不得以丑化、污损，或者利用信息技术手段伪造等方式侵害他人的肖像权。未经肖像权人同意，不得制作、使用、公开肖像权人的肖像，但是法律另有规定的除外。"第一千零二十三条第二款规定："对自然人声音的保护，参照适用肖像权保护的有关规定。"

第二，为了合理平衡保护肖像权与维护公共利益之间的关系，结合司法实践，规定肖像权的合理使用规则。民法典第一千零二十条规定："合理实施下列行为的，可以不经肖像权人同意：（一）为个人学习、艺术欣赏、课堂教学或者科学研究，在必要范围内使用肖像权人已经公开的肖像；（二）为实施新闻报道，不可避免地制作、使用、公开肖像权人的肖像；（三）为依法履行职责，国家机关在必要范围内制作、使用、公开肖像权人的肖像；（四）为展示特定公共环境，不可避免地制作、使用、公开肖像权人的肖像；（五）为维护公共利益或者肖像权人合法权益，制作、使用、公开肖像权人的肖像的其他行为。"

第三，从有利于保护肖像权人利益的角度，对肖像许可使用合同的解释、解除等作了规定。民法典第一千零二十一条规定："当事人对肖像许可使用合同中关于肖像使用条款的理解有争议的，应当作出有利于肖像权人的解释。"民法典第一千零二十二条第一款规定："当事人对肖像许可使用期限没有约定或者约定不明确的，任何一方当事人可以随时解除肖像许可使用合同，但是应当在合理期限之前通知对方。"

（5）名誉权和荣誉权

人格权编第五章规定了名誉权和荣誉权的内容。

第一，为了平衡个人名誉权保护与新闻报道、舆论监督之间的关系，对行为人实施新闻报道、舆论监督等行为涉及的民事责任承担，以及行为人是否尽到合理核实义务的认定等作了规定。民法典第一千零二十五条规定："行为人为公共利益实施新闻报道、舆论监督等行为，影响他人名誉的，不承担民事责任，但是有下列情形之一的除外：（一）捏造、歪曲事实；（二）对他人提供的严重失实内容未尽到合理核实义务；（三）使用侮辱性言辞等贬损他人名誉。"第一千零二十六条规定："认定行为人是否尽到前条第二项规定的合理核实义务，应当考虑下列因素：（一）内容来源的可信度；（二）对明显可能引发争议的内容是否进行了必要的调查；（三）内容的时限性；（四）内容与公序良俗的关联性；（五）受害人名誉受贬损的可能性；（六）核实能力和核实成本。"

第二，规定民事主体有证据证明报刊、网络等媒体报道的内容失实，侵害其名誉权的，有权请求更正或者删除。民法典第一千零二十八条规定："民事主体有证据证明报刊、网络等媒体报道的内容失实，侵害其名誉权的，有权请求该媒体及时采取更正或者删除等必要措施。"

（6）隐私权和个人信息保护

人格权编第六章强化了对隐私权和个人信息的保护，并为下一步制定个人信息保护法留下空间。

第一，规定了隐私的定义，并列明禁止侵害他人隐私权的具体行为。民法典第一千零三十二条规定："自然人享有隐私权。任何组织或者个人不得以刺探、侵扰、泄露、公开等方式侵害他人的隐私权。隐私是自然人的私人生活安宁和不愿为他人知晓的私密空间、私密活动、私密信息。"第一千零三十三条规定："除法律另有规定或者权利人明确同意外，任何组织或者个人不得实施下列行为：（一）以电话、短信、即时通讯工具、电子邮件、传单等方式侵扰他人的私人生活安宁；（二）进入、拍摄、窥视他人的住宅、宾馆房间等私密空间；（三）拍摄、窥视、窃听、公开他人的私密活动；（四）拍摄、窥视他人身体的私密部位；（五）处理他人的私密信息；（六）以其他方式侵害他人的隐私权。"

第二，界定了个人信息的定义，明确了处理个人信息应遵循的原则、条件。民法典第一千零三十四条规定："自然人的个人信息受法律保护。个人信息是以电子或者其他方式记录的能够单独或者与其他信息结合识别特定自然人的各种信息，包括自然人的姓名、出生日期、身份证号码、生物识别信息、住址、电话号码、电子邮箱、健康信息、行踪信息等。个人信息中的私密信息，适用有关隐私权的规定；没有规定的，适用有关个人信息保护的规定。"第一千零三十五条规定："处理个人信息的，应当遵循合法、正当、必要原则，不得过度处理，并符合下列条件：（一）征得该自然人或者其监护人同意，但是法律、行政法规另有规定的除外；（二）公开处理信息的规则；（三）明示处理信息的目的、方式和范围;(四)不违反法律、行政法规的规定和双方的约定。个人信息的处理包括个人信息的收集、存储、使用、加工、传输、提供、公开等。"

第三,构建自然人与信息处理者之间的基本权利义务框架,明确处理个人信息不承担责任的特定情形,合理平衡保护个人信息与维护公共利益之间的关系。首先,民法典第一千零三十六条规定:"处理个人信息,有下列情形之一的,行为人不承担民事责任:(一)在该自然人或者其监护人同意的范围内合理实施的行为;(二)合理处理该自然人自行公开的或者其他已经合法公开的信息,但是该自然人明确拒绝或者处理该信息侵害其重大利益的除外;(三)为维护公共利益或者该自然人合法权益,合理实施的其他行为。"其次,第一千零三十七条规定:"自然人可以依法向信息处理者查阅或者复制其个人信息;发现信息有错误的,有权提出异议并请求及时采取更正等必要措施。自然人发现信息处理者违反法律、行政法规的规定或者双方的约定处理其个人信息的,有权请求信息处理者及时删除。"最后,第一千零三十八条规定:"信息处理者不得泄露或者篡改其收集、存储的个人信息;未经自然人同意,不得向他人非法提供其个人信息,但是经过加工无法识别特定个人且不能复原的除外。信息处理者应当采取技术措施和其他必要措施,确保其收集、存储的个人信息安全,防止信息泄露、篡改、丢失;发生或者可能发生个人信息泄露、篡改、丢失的,应当及时采取补救措施,按照规定告知自然人并向有关主管部门报告。"

第四,规定国家机关及其工作人员负有保护自然人的隐私和个人信息的义务。民法典第一千零三十九条规定:"国家机关、承担行政职能的法定机构及其工作人员对于履行职责过程中知悉的自然人的隐私和个人信息,应当予以保密,不得泄露或者向他人非法提供。"

— 2 —
什么是人格权保护禁令制度？

人格权保护禁令制度，彰显了人格权法独特的损害预防功能，是人格权编的一大亮点。该制度的适用并不以行为人构成侵权为前提，在适用范围、法律效力等方面具有独特性。民法典第九百九十七条规定："民事主体有证据证明行为人正在实施或者即将实施侵害其人格权的违法行为，不及时制止将使其合法权益受到难以弥补的损害的，有权依法向人民法院申请采取责令行为人停止有关行为的措施。"

人格权保护禁令制度是一种预防性保护制度，只要民事主体能够证明侵害其人格权的行为有发生的可能性，不及时制止将损害其人格权益，权利人即有权向法院申请保护禁令，责令行为人停止侵权、消除危险。比如，权利人能够证明行为人的举动很可能会侵犯其名誉，即使该行为是否侵权还未经法院查明，权利人也可申请法院裁定暂停其可能的侵权行为，从而保护自己的名誉。民法典第一千条规定："行为人因侵害人格权承担消除影响、恢复名誉、赔礼道歉等民事责任的，应当与行为的具体方式和造成的影响范围相当。行为人拒不承担前款规定的民事责任的，人民法院可以采取在报刊、网络等媒体上发布公告或者公布生效裁判文书等方式执行，产生的费用由行为人负担。"与财产权益受侵害不同，人格权侵权更多的是精神伤害方面，损害救济也较多运用消除影响、恢复名誉、赔礼道歉等抚慰心灵的形式。但是，人格权具有不可恢复性，一旦遭遇侵害，很难进行完全的补偿。民法典规定人格权保护禁令制度，对可能发生的侵害行为采取预防性措施，防患于未然，达到有效保护人格权的目的。

═ 3 ═
如何理解身体权？

身体权，是指自然人享有的以身体完整和行动自由受法律保护为内容的权利。自然人的身体权是自然人重要的人格权，因为人的身体是承载生命、健康的物质载体，没有了身体，就没有了生命；身体被伤害，健康乃至生命也会遭殃。尽管身体的重要性尽人皆知，但身体权在以前只被认为是生命权或健康权的一部分，原民法通则第九十八条只规定了"生命健康权"，而原侵权责任法第二条在列举民事权利时，也仅罗列了"生命权、健康权"，并没有身体权。民法典不仅明确提出了身体权的概念，而且首次规定了身体权的基本内容。民法典第一千零三条规定："自然人享有身体权。自然人的身体完整和行动自由受法律保护。任何组织或者个人不得侵害他人的身体权。"

根据民法典的规定，身体权包括身体完整权和行动自由权。身体完整权是身体权的一个重要内容，是指身体的实质组成部分有不被缺损的权利，比如，强行剪掉别人的头发、整形手术失败致使被害人外在形象受损等，都属于破坏他人身体完整性、侵害其身体权的行为。此外，身体完整权还包括权利人对自己身体的支配权，也就是身体的整体或组成部分未经允许不得被冒犯性触碰的权利，比如，向他人身上泼粪、向他人身上吐痰等，都属于侵害身体权的行为。接触身体的性骚扰也属于侵犯身体权的行为。行动自由权是身体权的另一重要内容，是指自然人按照自己的意志和利益，在法律规定的范围内作为和不作为，不受非法限制、剥夺、妨碍的权利。民法典第一千零一十一条规定："以非法拘禁等方式剥夺、限制他人的行动自由，或者非法搜查他人身体的，受害人有权依法请求行为人承担民事责任。"比如，超市因怀疑消费者偷窃物品而对其进行非法搜身，就是侵犯了当事人的身体权。如果权利人的身体权遭到侵害，可以向侵权人提出停止侵害、赔礼道歉、赔偿损失等要求。

— 4 —
民法典对人体临床试验和医学
科研活动有哪些规定？

人体临床试验，又称人体试验，是指在病人或健康志愿者等受试者的人体上进行系统性研究，以了解新药、医疗器械或者发展新的预防和治疗方法的疗效与安全性。在实践中，人体临床试验是一把"双刃剑"，它既可能促进医学的发展，也可能对受试人造成伤害。民法典人格权编从民事基本法的高度加强对受试者权利的保护，促进生命科学研究的有序发展，同时完善我国的人格权体系。民法典第一千零八条规定："为研制新药、医疗器械或者发展新的预防和治疗方法，需要进行临床试验的，应当依法经相关主管部门批准并经伦理委员会审查同意，向受试者或者受试者的监护人告知试验目的、用途和可能产生的风险等详细情况，并经其书面同意。进行临床试验的，不得向受试者收取试验费用。"根据这一规定，人体临床试验须满足以下五个条件：

一是须为研制新药、医疗器械或者发展新的预防和治疗方法进行临床试验。二是须依法经相关主管部门批准并经伦理委员会审查同意。三是须保障受试者或者其监护人的知情权。四是须经受试者或者其监护人书面同意。五是临床试验不得向受试者收取试验费用。

　　一些医疗机构、科研机构和研究人员贸然从事的一些有关人体基因、人体胚胎方面的医学和科研活动，不仅可能对试验个体造成损害，也可能对整个社会的伦理道德和秩序形成巨大冲击。例如，2018年11月26日，南方科技大学原副教授贺建奎宣布一对名为露露和娜娜的基因编辑婴儿在中国诞生，由于这对双胞胎的一个基因（CCR5）经过修改，她们出生后即能天然抵抗艾滋病病毒（HIV）。这一消息迅速在全世界激起轩然大波，引发了科学界的同声斥责以及大众对科学伦理与研究安全性的担忧。中国科协生命科学学会联合体发表声明，坚决反对有违科学精神和伦理道德的所谓科学研究与生物技术应用。为此，民法典第一千零九条规定："从事与人体基因、人体胚胎等有关的医学和科研活动，应当遵守法律、行政法规和国家有关规定，不得危害人体健康，不得违背伦理道德，不得损害公共利益。"根据这一规定，从事人体基因、人体胚胎等有关的医学和科研活动有以下要求：一是遵守法律、行政法规和国家有关规定；二是不得危害人体健康；三是不得违背伦理道德，不得损害公共利益。通过立法予以规制，引导这些科研活动在科学、伦理的指引下健康有序发展。

— 5 —
如何理解生命权、身体权、健康权
法定救助义务制度？

生命权是自然人最为重要的人格权，民法典第一千零二条规定："自然人享有生命权。自然人的生命安全和生命尊严受法律保护。任何组织或者个人不得侵害他人的生命权。"

身体权是自然人重要的人格权。民法典第一千零三条规定："自然人享有身体权。自然人的身体完整和行动自由受法律保护。任何组织或者个人不得侵害他人的身体权。"

健康权是自然人享有的以身心健康受法律保护为内容的权利，是自然人重要的人格权之一。民法典第一千零四条规定："自然人享有健康权。自然人的身心健康受法律保护。任何组织或者个人不得侵害他人的健康权。"

当自然人的生命、身体、健康遭遇侵害或者面临危险时，权利人除了自我救济外，还可以向负有法定救助义务的组织和个人提出请求，此类组织和个人则必须履行施救义务。民法典第一千零五条规定了对生命权、身体权、健康权的法定救助义务制度："自然人的生命权、身体权、健康权受到侵害或者处于其他危难情形的，负有法定救助义务的组织或者个人应当及时施救。"

根据法律的规定，"法定救助义务"可以分为两类：一类是法定救助职责；另一类是因具有特定关系、特定身份等而具有法定救助义务。

（1）负有法定救助职责的是指具有维护社会治安、紧急危险情形下实施救助职责的组织和个人

人民警察法第二十一条规定："人民警察遇到公民人身、财产安全受到侵犯或者处于其他危难情形，应当立即救助；对公民提出解决纠纷的要求，应当给予帮助；对公民的报警案件，应当及时查处。人民警察应当积极参加抢险救灾和社会公益工作。"人民武装警察法第二十八条规定："人民武装警察遇有公民的人身财产安全受到侵犯或者处于其他危难情形，应当及时救助。"消防法第四十四条第四款规定："消防队接到火警，必须立即赶赴火灾现场，救助遇险人员，排除险情，扑灭火灾。"执业医师法第二十四条规定："对急危患者，医师应当采取紧急措施进行诊治；不得拒绝急救处置。"上述组织和个人在公民的生命权、身体权、健康权受到侵害或处于危难之中时，负有法定职责进行救助。

（2）因具有特定身份而负有救助的法定义务

比如，夫妻之间、父母对于未成年的子女、监护人对于被监护人都有救助的法定义务，要保护配偶、未成年子女、被监护人的人身、财产安全。如果配偶、未成年子女、被监护人遭遇人身、财产危险，夫或妻、父母、监护人应当积极施救。此外，对于特定职业或者具有特定关系的人，法律也可能要求其承担施救义务。比如，民法典第八百二十二条规定："承运人在运输过程中，应当尽力救助患有急病、分娩、遇险的旅客。"第八百二十三条规定："承运人应当对运输过程中旅客的伤亡承担赔偿责任；但是，伤亡是旅客自身健康原因造成的或者承运人证明伤亡是旅客故意、重大过失造成的除外。"海商法第

一百七十四条规定："船长在不严重危及本船和船上人员安全的情况下，有义务尽力救助海上人命。"如果承运人和船长没有对旅客或海上人命进行积极救助，显然要承担法律责任。

这里需要说明的是，如果既没有法定职责，也没有法定义务进行施救，行为人仍然进行救助的，则属于见义勇为的范畴，政府和社会对此应当嘉奖和鼓励。此外，党员干部需要注意的是，《中国共产党纪律处分条例》第一百一十八条规定："遇到国家财产和群众生命财产受到严重威胁时，能救而不救，情节较重的，给予警告、严重警告或者撤销党内职务处分；情节严重的，给予留党察看或者开除党籍处分。"党纪对党员提出了更高的要求，即使并不具有法定救助职责或者救助义务，但是在群众生命财产受到严重威胁时，有能力救助就应当救助，否则会受到党纪处分，最高可开除党籍。

— 6 —
死者的人格利益如何保护？

人格权是民事主体的一种专属权利，主体死亡必然导致权利灭失，死者是不能再享受人格权的。但是，自然人死亡后，某些人格利益（如姓名、肖像、名誉、荣誉、隐私等）仍然客观存在且仍有价值，对其保护是对社会秩序和风俗的维护，如对死者遗体的安置。某些人格利益仍然具有商业价值，如死者的姓名、肖像。某些人格利益关系到死者在世亲属的权利，如死者的隐私、名誉会影响到其亲属的隐私、名誉和生活安宁等。为此，民法典专门规定了死者人格利益的保护制度。

民法典第九百九十四条规定："死者的姓名、肖像、名誉、荣誉、隐私、遗体等受到侵害的，其配偶、子女、父母有权依法请求行为人承担民事责任；死者没有配偶、子女且父母已经死亡的，其他近亲属有权依法请求行为人承担民事责任。"

死者的人格利益受法律保护，只能依靠死者的近亲属来实现。根据民法典第一千零四十五条的规定，配偶、父母、子女、兄弟姐妹、祖父母、外祖父母、孙子女、外孙子女为近亲属。近亲属中的任何人均有权以自己的名义为保护死者人格利益提出请求。

对于英雄烈士的人格利益，民法典第一百八十五条还专门规定："侵害英雄烈士等的姓名、肖像、名誉、荣誉，损害社会公共利益的，应当承担民事责任。"

党员干部需要注意的是，《中国共产党纪律处分条例》第四十六条规定："诋毁、诬蔑党和国家领导人、英雄模范，情节较轻的，给予警告或者严重警告处分；情节较重的，给予撤销党内职务或者留党察看处分；情节严重的，给予开除党籍处分。"党员干部在工作生活中，不仅受到民法典的约束，而且必须严格遵守党纪党规，如果诋毁、污蔑党和国家领导人、英雄模范（包括在世的和离世的），不仅要承担民事责任，还要受到党纪处分。

7

民法典对人体捐献是怎样规定的？

人体捐献，是指自然人自愿、无偿地捐献自己的器官、血液、骨髓、角膜等身体的组成部分甚至捐献遗体的行为。人体捐献是一个生命让另一个生命延续下去的伟大之举，同时，这一制度又关乎生命健康与人格尊严，因此，民法典对此作出了专门规定。民法典第一千零六条规定："完全民事行为能力人有权依法自主决定无偿捐献其人体细胞、人体组织、人体器官、遗体。任何组织或者个人不得强迫、欺骗、利诱其捐献。完全民事行为能力人依据前款规定同意捐献的，应当采用书面形式，也可以订立遗嘱。自然人生前未表示不同意捐献的，该自然人死亡后，其配偶、成年子女、父母可以共同决定捐献，决定捐献应当采用书面形式。"

根据民法典的规定，人体捐献需满足以下条件：一是捐赠者须为完全民事行为能力人，并应当有书面形式的捐赠意愿。二是人体捐献须为自愿捐献。三是捐献意思表示须以书面形式或者遗嘱形式作出。四是人体捐献须为无偿捐献。需要注意的是，捐赠者以书面形式同意捐献的，如果在捐献前又表示反悔的，他人不能对其行使请求权，也就是不能强制其进行捐献。

此外，自然人的生命身体健康等人格利益是无价的，无法用金钱衡量。如果以金钱来衡量器官价值，将违背器官捐献的伦理性和道德性，有违人格尊严这一基本价值，也有违公序良俗。民法典第一千零七条规定："禁止以任何形式买卖人体细胞、人体组织、人体器官、遗体。违反前款规定的买卖行为无效。"这种禁止性规定的法理依据是自然人的生命尊严和健康权。如果有人组织出卖人体器官，还会触犯刑法，受到刑事制裁。

— 8 —

民法典对性骚扰是怎样规定的？

性自主权是人的基本权利之一，但囿于传统观念等原因，长期以来，我国法律对这一重要权利未予有效保护，反性骚扰制度匮乏。最早的性骚扰规定出现于 2005 年修订的妇女权益保障法，该法第四十条规定："禁止对妇女实施性骚扰。受害妇女有权向单位和有关机关投诉。"同时，该法第五十八条规定了性骚扰的法律后果："违反本法规定，对妇女实施性骚扰或者家庭暴力，构成违反治安管理行为的，受害人可以提请公安机关对违法行为人依法给予行政处罚，也可以依法向人民法院提起民事诉讼。"上述规定中提出了性骚扰的概念，但并没有明确什么行为构成性骚扰、如何保护受害者、如何制裁性骚扰行为，这在一定程度上阻碍了该法在实践中作用的发挥。

民法典首次对性骚扰作出完整的规定，使我国对性骚扰受害人的保护水准上了一个台阶。民法典第一千零一十条规定："违背他人意愿，以言语、文字、图像、肢体行为等方式对他人实施性骚扰的，受害人有权依法请求行为人承担民事责任。机关、企业、学校等单位应当采取合理的预防、受理投诉、调查处置等措施，防止和制止利用职权、从属关系等实施性骚扰。"这一规定将性骚扰条款置于人格权编加以保护，一定程度上确认了性自主权属于人格尊严的重要范畴。同时，这一规定体现了性别平等的理念。妇女权益保障法对性骚扰作出了规定，但仅限于女性，现实中男性也会成为性骚扰的对象。民法典将性骚扰的受害人范围扩大，体现了对男女平等保护的理念。此外，这一规定还明确了单位的职责。机关、企业、学校等单位负有防止和制止利用职权、从属关系等实施性骚扰的义务。如果单位没有尽到事前合理的预防义务，员工、学生等受到性骚扰，单位就具有过错，性骚扰的受害者可以要求单位承担责任。

═ 9 ═
如何理解和保护自然人的姓名权？

姓名是对自然人的一种称谓。自然人有权决定和使用自己的姓名，这是自然人享有姓名权的重要内容，也是姓名权的本质特征。民法典第一千零一十二条规定："自然人享有姓名权，有权依法决定、使用、变更或者许可他人使用自己的姓名，但是不得违背公序良俗。"这一规定表明，自然人有权决定自己的姓名，但这种决定权应当依法进行。

一方面，对姓氏的选择应当依据法律规定，民法典第一千零一十五条明确规定："自然人应当随父姓或者母姓，但是有下列情形之一的，可以在父姓和母姓之外选取姓氏：（一）选取其他直系长辈血亲的姓氏；（二）因由法定扶养人以外的人扶养而选取扶养人姓氏；（三）有不违背公序良俗的其他正当理由。少数民族自然人的姓氏可以遵从本民族的文化传统和风俗习惯。"

另一方面，姓名的选取应当遵循法定程序。根据民法典第一千零一十六条的规定，自然人决定、变更姓名，应当依法向有关机关办理登记手续，但是法律另有规定的除外。

与自然人的生命权、身体权、健康权不同，姓名权是自然人可以支配的。自然人可以自主决定使用什么姓名，可以变更或者许可他人使用自己的姓名，不过，姓名的决定和使用，应当依法进行，且不得违背公序良俗。在现实生活中，自然人还可以取笔名、艺名、网名等。对具有一定市场知名度、为公众所知悉的自然人的笔名、艺名、网名等如何保护的问题，民法典第一千零一十七条规定："具有一定社会知名度，被他人使用足以造成公众混淆的笔名、艺名、网名、译名、字号、姓名和名称的简称等，参照适用姓名权和名称权保护的有关规定。"

为了保护自然人的姓名权不被侵害，民法典第一千零一十四条规定："任何组织或者个人不得以干涉、盗用、假冒等方式侵害他人的姓名权或者名称权。"据此，如果有人盗用、假冒他人的姓名，即使这种盗用、假冒行为并未造成实际损失，没有构成侵权行为，权利人也可以直接以该条规定来保护自己的姓名权。

══ 10 ══
如何理解和保护自然人和法人的名誉权？

名誉是公众对民事主体的品德、声望、才能、信用等的社会评价。民法典第一千零二十四条第一款规定："民事主体享有名誉权。任何组织或者个人不得以侮辱、诽谤等方式侵害他人的名誉权。"民事主体包括自然人和法人。因此，与生命权、身体权、健康权等专属于自然人的人格权不同，名誉权的主体既可以是自然人，也可以是法人。

由于名誉权侵权行为大多发生在文学、艺术作品或者媒体报道中，民法典对这两种情形下的名誉权侵权及保护作出了明确规定。民法典第一千零二十七条规定："行为人发表的文学、艺术作品以真人真事或者特定人为描述对象，含有侮辱、诽谤内容，侵害他人名誉权的，受害人有权依法请求该行为人承担民事责任。行为人发表的文学、艺术作品不以特定人为描述对象，仅其中的情节与该特定人的情况相似的，不承担民事责任。"对于报刊、网络等媒体报道内容失实侵害名誉权的，民法典规定了补救措施，第一千零二十八条规定："民事主体有证据证明报刊、网络等媒体报道的内容失实，侵害其名誉权的，有权请求该媒体及时采取更正或者删除等必要措施。"

关于保护名誉权与新闻报道、舆论监督等行为的关系，民法典出于维护公共利益的需要，对民事主体的名誉权进行了限制。民法典第一千零二十五条规定："行为人为公共利益实施新闻报道、舆论监督等行为，影响他人名誉的，不承担民事责任，但是有下列情形之一的除外：（一）捏造、歪曲事实；（二）对他人提供的严重失实内容未尽到合理核实义务；（三）使用侮辱性言辞等贬损他人名誉。"对如何判断行为人是否履行了合理核实义务，民法典列举了需要考虑的六项因素，第一千零二十六条规定："认定行为人是否尽到前条第二项规定的合理核实义务，应当考虑下列因素：（一）内容来源的可信度；（二）对明显可能引发争议的内容是否进行了必要的调查；（三）内容的时限性；（四）内容与公序良俗的关联性；（五）受害人名誉受贬损的可能性；（六）核实能力和核实成本。"

— 11 —
如何理解和保护公民的隐私权？

民法典第一次对隐私权的概念、侵犯隐私权的行为、国家机关和法定机构及其工作人员对隐私的保密义务等作出了明确规定。民法典第一千零三十二条规定："自然人享有隐私权。任何组织或者个人不得以刺探、侵扰、泄露、公开等方式侵害他人的隐私权。隐私是自然人的私人生活安宁和不愿为他人知晓的私密空间、私密活动、私密信息。"根据这一规定，隐私权涉及的范围非常宽泛。通常可以将其分为以下几种基本类型。

第一，私人生活安宁。即自然人的生活安宁和宁静的权利，自认为有权排斥他人对其正常生活的骚扰。在实践中，非法跟踪、窥探、在他人的信箱或电子邮箱中塞满各种垃圾邮件、短信和电话骚扰等，都构成对私人生活安宁的侵害。

第二，私密空间。凡是私人支配的空间场所，无论是有形的，还是虚拟的，都属于个人隐私的重要组成部分。在现代社会，空间隐私除个人合法占有的房屋之外，还包括个人合法支配的空间，例如，更衣室、电话厅以及个人临时栖身的房间、公共卫生间、宿舍、酒店房间、工人临时居住的工棚等。随着技术进步，还扩及电子空间等虚拟空间。如侵入他人的计算机系统，即使不盗取信息，也构成对隐私权的侵害。

第三，私密活动。即一切个人的、与公共利益无关的活动，包括日常生活、社会交往、夫妻的两性生活等。若权利人不愿将个人活动为他人所知晓，他人不应拍摄、录制、公开、窥视、窃听他人的私人活动。

第四，私密信息。任何私人不愿公开的信息都可以构成私人的秘密信息。只要这种隐匿不违反法律和社会公共道德，都构成受法律保护的隐私。私密信息具体包括以下类型：个人的生理信息、身体隐私、家庭隐私、通信秘密、谈话隐私、个人经历隐私、其他有关个人生活的隐私。

对于侵害隐私权的行为，民法典第一千零三十二条列举了"刺探、侵扰、泄露、公开等方式"，第一千零三十三条更为详细地列举了侵权行为："除法律另有规定或者权利人明确同意外，任何组织或者个人不得实施下列行为：（一）以电话、短信、即时通讯工具、电子邮件、传单等方式侵扰他人的私人生活安宁；（二）进入、拍摄、窥视他人的住宅、宾馆房间等私密空间；（三）拍摄、窥视、窃听、公开他人的私密活动；（四）拍摄、窥视他人身体的私密部位；（五）处理他人的私密信息；（六）以其他方式侵害他人的隐私权。"

国家机关和承担行政职能的法定机构，为了防止和追究刑事犯罪、维护公共利益，在必要的情况下，有权强制性地收集个人私密信息，比如，在2020年抗击新冠肺炎疫情的过程中，政府可以强制性收集个人行踪信息、健康信息等资料。为了更好地保护自然人的隐私，民法典对国家机关和承担行政职能的法定机构进行了必要的约束。民法典第一千零三十九条规定："国家机关、承担行政职能的法定机构及其工作人员对于履行职责过程中知悉的自然人的隐私和个人信息，应当予以保密，不得泄露或者向他人非法提供。"医疗机构、医务工作者等可能接触到患者隐私的单位和个人，同样要承担保密义务。民法典第一千二百二十六条规定："医疗机构及其医务人员应当对患者的隐私和个人信息保密。泄露患者的隐私和个人信息，或者未经患者同意公开其病历资料的，应当承担侵权责任。"

═ 12 ═
如何理解和保护个人信息？

（1）个人信息的含义

个人信息是以电子或者其他方式记录的能够单独或者与其他信息结合识别特定自然人的各种信息。随着信息网络科技尤其是大数据与人工智能的发展，个人信息的范围不断扩大，种类不断增加。除了传统的能够直接识别特定自然人的信息，如姓名、公民身份号码、家庭地址、电话号码等，还有一些虽本身不足以识别特定自然人，但与其他信息结合后就能识别出特定自然人的信息，如爱好、习惯、兴趣、性别、年龄、职业等，也属于个人信息。此外，现代科技的发展也促使了各种新型个人信息的产生，如通信记录和内容、个人生物基因信息、网络交易信息、上网浏览痕迹、网络社交媒体留言、行踪轨迹等。同时，现代网络信息技术已将现代社会生活高度数字化，"Cookie"技术和各种传感器可以自动地收集与存储个人信息。这种个人信息被大规模、自动化地收集和存储的情形变得越来越普遍，由此产生了个人信息保护方面的各种新情况和新问题。

民法典首次规定了个人信息保护制度，从对个人私密信息（隐私）的保护发展到对个人公开信息的保护，无疑是法治建设的一大进步。

民法典第一千零三十四条第一款、第二款规定："自然人的个人信息受法律保护。个人信息是以电子或者其他方式记录的能够单独或者与其他信息结合识别特定自然人的各种信息，包括自然人的姓名、出生日期、身份证件号码、生物识别信息、住址、电话号码、电子邮箱、健康信息、行踪信息等。"

个人信息并非自然人公开的一切信息，而是能够识别特定自然人的信息，比如，公民身份号码、生物识别信息、住址等。另外，个人信息既包括公开信息，如姓名、电话号码等，也包括不公开信息，如行踪信息、健康信息等，因此其范围大于隐私权中的私密信息。民法典第一千零三十四条第三款规定："个人信息中的私密信息，适用有关隐私权的规定；没有规定的，适用有关个人信息保护的规定。"

（2）个人信息的处理原则和条件

对个人信息的保护侧重于权利人对信息处理的控制，例如，权利人有权了解谁在收集信息、收集哪些信息、收集的信息用于何种用途等。民法典第一千零三十五条规定："处理个人信息的，应当遵循合法、正当、必要原则，不得过度处理，并符合下列条件：（一）征得该自然人或者其监护人同意，但是法律、行政法规另有规定的除外；（二）公开处理信息的规则；（三）明示处理信息的目的、方式和范围；（四）不违反法律、行政法规的规定和双方的约定。个人信息的处理包括个人信息的收集、存储、使用、加工、传输、提供、公开等。"

为了保障权利人能够有效控制其个人信息，民法典第一千零三十七条规定："自然人可以依法向信息处理者查阅或者复制其个人信息；发现信息有错误的，有权提出异议并请求及时采取更正等必要措施。

自然人发现信息处理者违反法律、行政法规的规定或者双方的约定处理其个人信息的，有权请求信息处理者及时删除。"

（3）信息安全保护义务

民法典第一千零三十八条规定："信息处理者不得泄露或者篡改其收集、存储的个人信息；未经自然人同意，不得向他人非法提供其个人信息，但是经过加工无法识别特定个人且不能复原的除外。信息处理者应当采取技术措施和其他必要措施，确保其收集、存储的个人信息安全，防止信息泄露、篡改、丢失；发生或者可能发生个人信息泄露、篡改、丢失的，应当及时采取补救措施，按照规定告知自然人并向有关主管部门报告。"这一规定明确了信息处理者应当履行三个方面的安全保护义务：一是信息处理者不得泄露或者篡改其收集、存储的个人信息；未经自然人同意，不得向他人非法提供其个人信息，但是经过加工无法识别特定个人且不能复原的除外。二是信息处理者应当采取技术措施和其他必要措施，确保其收集、存储的个人信息安全，防止信息泄露、篡改、丢失。三是发生或者可能发生个人信息泄露、篡改、丢失的，应当及时采取补救措施，按照规定告知自然人并向有关主管部门报告。

（4）处理个人信息的免责事由

法律对个人信息的保护，同样要考虑社会公共利益等需要。民法典第一千零三十六条规定："处理个人信息，有下列情形之一的，行为人不承担民事责任：（一）在该自然人或者其监护人同意的范围内合理实施的行为；（二）合理处理该自然人自行公开的或者其他已经合法公开的信息，但是该自然人明确拒绝或者处理该信息侵害其重大利益的除外；（三）为维护公共利益或者该自然人合法权益，合理实施的其他行为。"

（5）国家机关、法定机构及其工作人员对个人信息的保密义务

由于国家机关、承担行政职能的法定机构及其工作人员在履行职责过程中掌握了大量个人的隐私和个人信息，且多为敏感重要的个人信息，一旦被泄露，可能对个人造成严重损害，后果也可能极为严重，因此，民法典第一千零三十九条规定："国家机关、承担行政职能的法定机构及其工作人员对于履行职责过程中知悉的自然人的隐私和个人信息，应当予以保密，不得泄露或者向他人非法提供。"国家机关、承担行政职能的法定机构及其工作人员在履行职责过程中如果违反保密义务，侵害了自然人的合法权益，权利人可以根据国家赔偿法或者其他相关法律的规定要求国家机关、承担行政职能的法定机构承担法律责任。

第六章

婚姻家庭

HUNYIN JIATING

婚姻家庭制度是规范夫妻关系和家庭关系的基本准则。1950 年 5 月 1 日，制定颁布了第一部《中华人民共和国婚姻法》。1980 年 9 月 10 日，第五届全国人民代表大会第三次会议通过了新修订的《中华人民共和国婚姻法》。2001 年 4 月 28 日，第九届全国人民代表大会常务委员会第二十一次会议又对 1980 年的婚姻法进行了若干修改。1991 年 12 月，第七届全国人大常委会第二十三次会议通过了《中华人民共和国收养法》，1998 年 11 月作了修改。民法典婚姻家庭编吸收了原婚姻法、收养法以及相关司法解释的内容，弘扬社会主义核心价值观，结合社会发展需要，完善了我国的婚姻家庭制度。

— 1 —
婚姻家庭编的主要内容有哪些？

婚姻家庭编调整因婚姻家庭产生的民事关系，既调整基于婚姻而产生的夫妻之间的人身关系与财产关系，也调整家庭之中一定范围的亲属之间的人身关系与财产关系。婚姻家庭编共 5 章、79 条，主要规定了以下内容。

（1）婚姻家庭领域的基本原则和规则

婚姻家庭编第一章对婚姻家庭领域的基本原则和规则作了一般规

定，重申了婚姻自由、一夫一妻、男女平等等婚姻家庭领域的基本原则和规则，并作了进一步完善。

第一，重申了婚姻家庭的禁止性规定。即禁止包办、买卖婚姻和其他干涉婚姻自由的行为。禁止借婚姻索取财物。禁止重婚。禁止有配偶者与他人同居。禁止家庭暴力。禁止家庭成员间的虐待和遗弃。对于重婚、同居和家暴的禁止性规定，一旦违反，则可能在离婚时面临对无过错方进行损害赔偿的后果，情节特别严重的，还可能触犯刑法的相关规定。

第二，规定家庭文明建设。为贯彻落实习近平总书记关于加强家庭文明建设的重要论述精神，更好地弘扬家庭美德，将社会主义核心价值观注入家庭建设中，规定家庭应当树立优良家风，弘扬家庭美德，重视家庭文明建设。

第三，保护未成年人。为了更好地维护被收养的未成年人的合法权益，吸收国际公约中保护儿童利益的基本原则，将联合国《儿童权利公约》关于儿童利益最大化的原则落实到收养工作中，增加规定了最有利于被收养人的原则。

第四，界定了亲属、近亲属、家庭成员的范围。民法典第一千零四十五条规定："亲属包括配偶、血亲和姻亲。配偶、父母、子女、兄弟姐妹、祖父母、外祖父母、孙子女、外孙子女为近亲属。配偶、父母、子女和其他共同生活的近亲属为家庭成员。"通过规定家庭成员和家风建设，促进家庭关系的稳定，为社会进步和社会发展提供保障，让人民安居乐业，享受幸福安康的生活。

（2）结婚制度

婚姻家庭编第二章规定了结婚制度，规定结婚应当男女双方完全自愿，禁止任何一方对另一方加以强迫，禁止任何组织或者个人加以干涉，并规定了结婚的年龄条件、应履行的程序等。同时，婚姻家庭编对婚姻无效和可撤销的情形、胁迫结婚中请求撤销的诉讼时效、无过错方的权利相关规定进行了完善。

第一，明确因受胁迫结婚的，受胁迫一方请求撤销婚姻的期间起算点由"自结婚登记之日起"修改为"自胁迫行为终止之日起"。

第二，不再将"婚前患有医学上认为不应当结婚的疾病，婚后尚未治愈的"作为婚姻无效的情形，但相应地在民法典第一千零五十三条增加第一款："一方患有重大疾病的，应当在结婚登记前如实告知另一方；不如实告知的，另一方可以向人民法院请求撤销婚姻。"

第三，增加民法典第一千零五十四条第二款，规定："婚姻无效或者被撤销的，无过错方有权请求损害赔偿。"

（3）基于亲属关系的身份权制度

婚姻家庭编第三章规定了家庭中的夫妻关系、父母子女关系和其他近亲属关系，构建了包括配偶权、亲权、亲属权在内的身份权体系。其中，第一节规定的是夫妻关系的配偶权，第二节规定的是父母子女关系和其他近亲属关系中的亲权和亲属权。

第一，规定夫妻共同亲权原则。民法典第二十六条第一款规定："父母对未成年子女负有抚养、教育和保护的义务。"这是共同亲权原则的基本要求。在此基础上，民法典第一千零五十八条确立了共同亲权原则的具体规则:"夫妻双方平等享有对未成年子女抚养、教育和保护的权利,共同承担对未成年子女抚养、教育和保护的义务。"

第二,规定家事代理权。民法典第一千零六十条规定了夫妻之间的家事代理权,进一步完善了配偶权的内容。在处理日常家庭事务之时,夫妻互为代理人,互有代理权。因此,只要是家事上的开支,夫或妻任何一方都有单独的处理权,可以与第三人实施一定的法律行为;无论对方对该代理行为知晓与否、追认与否,夫妻双方均应对该行为的法律后果承担连带责任。

第三,明确夫妻共同债务的范围。尽管原婚姻法中没有对夫妻共同债务的范围作出规定,但在司法解释和司法实践中,往往对夫妻共同债务存在不同认识,也导致夫妻共同债务问题成为近年来社会关注的热点问题。2018 年 1 月发布的《最高人民法院关于审理涉及夫妻债务纠纷案件适用法律有关问题的解释》修改了此前的规定,明确夫妻共同债务的认定规则,并合理分配举证证明责任,目的就是平衡保护各方当事人的合法权益。民法典吸收了该司法解释的相关内容,并在第一千零六十四条中再次明确了夫妻共同债务的范围,同时在第一千零六十五条第三款中规定了例外情形:"夫妻对婚姻关系存续期间所得的财产约定归各自所有,夫或者妻一方对外所负的债务,相对人知道该约定的,以夫或者妻一方的个人财产清偿。"

第四,规范亲子关系确认和否认之诉。亲子关系问题涉及家庭稳定和未成年人的保护。作为民事基本法律,民法典第一千零七十三条第一款规定:"对亲子关系有异议且有正当理由的,父或者母可以向人民法院提起诉讼,请求确认或者否认亲子关系。"与此同时,为更好维护家庭关系,避免成年子女通过否认亲子关系来逃避对父母的赡养义务，民法典也提高了亲子关系确认或否认之诉的门槛，规定成年子女需要有正当理由才能提起亲子关系的确认之诉，并对成年子女提起亲子关系否认之诉予以限制。

（4）离婚制度

婚姻家庭编第四章对离婚制度作出了规定，并在原婚姻法的基础上，作了进一步完善。

第一，增加离婚冷静期制度。民法典第一千零七十七条规定了提交离婚登记申请后三十日的离婚冷静期，在此期间，任何一方可以向婚姻登记机关撤回离婚登记申请。离婚冷静期届满后，双方仍自愿离婚的，"双方应当亲自到婚姻登记机关申请发给离婚证；未申请的，视为撤回离婚登记申请"。

第二，针对离婚诉讼中出现的"久调不判"问题作出规定。在诉讼离婚中，夫妻感情破裂是法院判决离婚的条件，但当事人很难提供夫妻感情已破裂的证据，法院也很难仅凭借双方当事人的言辞表述就认定夫妻感情是否破裂。因此，实践中出现了当事人数次诉讼离婚均未离成的情况。针对这种情形，民法典第一千零七十九条第五款规定："经人民法院判决不准离婚后，双方又分居满一年，一方再次提起离婚诉讼的，应当准予离婚。"

第三，关于离婚后子女的抚养规定。民法典第一千零八十四条将原婚姻法规定的"哺乳期内的子女，以随哺乳的母亲抚养为原则"修改为"不满两周岁的子女，以由母亲直接抚养为原则"，以增强可操作性。同时，增加规定法院在判决子女抚养权时，应当按照最有利于未成年子女的原则，子女已满八周岁的，应当尊重其真实意愿。如果子女的选择明显对其不利，出于对未成年人利益的保护，法院也可以将抚养权判归另一方所有。

第四，将夫妻采用法定共同财产制的，纳入适用离婚经济补偿的范围，以加强对家庭负担较多义务一方权益的保护。民法典第一千零八十八条规定："夫妻一方因抚育子女、照料老年人、协助另一方工作等负担较多义务的，离婚时有权向另一方请求补偿，另一方应当给予补偿。具体办法由双方协议；协议不成的，由人民法院判决。"

第五，将"有其他重大过错"增加规定为离婚损害赔偿的适用情形。

（5）收养制度

婚姻家庭编第五章对收养关系的成立、收养的效力、收养关系的解除作了规定，并在原收养法的基础上，进一步完善了有关制度。

第一，扩大被收养人的范围，删除被收养的未成年人须不满十四周岁的限制。民法典第一千零九十三条删除原收养法第四条中被收养的未成年人须不满十四周岁的限制，修改为符合条件的未成年人均可被收养。

第二，与国家计划生育政策的调整相协调，调整收养子女的数量。民法典第一千零九十八条将原收养法中收养人须"无子女"的要求修改为收养人"无子女或者只有一名子女"。同时，第一千一百条进一步明确了可以收养子女的数量："无子女的收养人可以收养两名子女；有子女的收养人只能收养一名子女。"

第三，推进收养关系中的性别平等。民法典第一千一百零二条修正了原收养法第九条中关于"无配偶的男性收养女性的，收养人与被收养人的年龄应当相差四十周岁以上"的规定，将其改为"无配偶者收养异性子女的，收养人与被收养人的年龄应当相差四十周岁以上"。

第四，将征得被收养人同意的年龄由十周岁修改为八周岁。在民法典第十九条中，将限制民事行为能力人的年龄规定为八周岁以上，因此，民法典第一千一百零四条中也作了相应修改。八周岁以上的未成年人为限制民事行为能力人，可以独立实施与其年龄、智力相适应的民事法律行为，自主表示自己是否愿意被收养。

第五，为进一步强化对被收养人利益的保护，在收养人的条件中增加规定"无不利于被收养人健康成长的违法犯罪记录"，并增加规定民政部门应当依法进行收养评估。民法典第一千一百零五条第五款规定："县级以上人民政府民政部门应当依法进行收养评估。"

═ 2 ═
民法典提出家庭应树立优良家风
有何现实意义？

家庭是最基本的社会单元，婚姻是缔结家庭最基本的途径。为了更好地弘扬家庭美德，体现社会主义核心价值观，民法典第一千零四十三条第一款规定："家庭应当树立优良家风，弘扬家庭美德，重视家庭文明建设。"

家风是指一个家庭在日常生活中逐步形成的较为稳定的生活作风、行为习惯、情趣教养和为人处世之道。良好的家风能够保证家庭和谐，是培育和弘扬社会主义核心价值观的重要手段。同时，良好的家风有利于继承和发扬中华民族的传统美德。中华民族在几千年的发展过程中，形成了立身修德、勤俭持家、孝敬和睦等传统美德，而这些美德主要源自不同时代的家风家教家训。2001 年 9 月中共中央印发的《公民道德建设实施纲要》提出："要大力倡导以尊老爱幼、男女平等、夫妻和睦、勤俭持家、邻里团结为主要内容的家庭美德，鼓励人们在家庭里做一个好成员。"

婚姻家庭编以实现稳定婚姻家庭关系、维护社会和谐稳定为立法目的，贯彻落实习近平总书记关于加强家庭文明建设的重要论述精神，进一步弘扬中华民族传统美德，提倡文明进步的婚姻家庭伦理观念，推进家风建设和家庭美德建设，促进社会和谐健康发展。在原婚姻法的基础上，民法典增加了第一千零四十三条第一款"家庭应当树立优良家风，弘扬家庭美德，重视家庭文明建设"的规定，进一步强化了社会主义核心价值观在婚姻家庭中的引领导向作用。

家风建设对于党风政风建设有着重要作用。党员领导干部家风正，一方面，可以潜移默化地规范家庭成员的言行举止，促进家庭兴旺美满；另一方面，也会起到上行下效的示范作用，带动形成良好风气。党员领导干部家风不正、家教不严，就有可能助长配偶、子女及其他亲属利用领导干部的权力牟取私利的风气，甚至将党员领导干部本人带入违纪违法的深渊，损害党在群众心目中的形象，影响党群干群关系。

中国共产党始终强调家风建设，把家风建设视为关乎党风政风的大事。因此，除了法律上的规定，党纪也对党员领导干部的家风建设作出了具体要求。2015 年颁布的《中国共产党廉洁自律准则》要求党员领导干部"廉洁齐家，自觉带头树立良好家风"。《中国共产党纪律处分条例》第一百三十六条规定："党员领导干部不重视家风建设，对配偶、子女及其配偶失管失教，造成不良影响或者严重后果的，给予警告或者严重警告处分；情节严重的，给予撤销党内职务处分。"这对党员领导干部提出了更高更严的家风建设要求。党员干部必须重视家庭家风家教，一是对标对表民法典第一千零四十三条第二款中的优良家风的两项基本准则，即"夫妻应当互相忠实，互相尊重，互相关爱；家庭成员应当敬老爱幼，互相帮助，维护平等、和睦、文明的婚姻家庭关系"，开展家风建设。二是以中华优秀传统文化、家规家训为抓手，通过言传身教，持之以恒从严治家。

— 3 —
民法典对夫妻以及家庭成员作了哪些禁止性规定？

在我国，婚姻是经社会制度所确认的、男女两性互为配偶的结合。夫与妻具有同等的基本权利与义务。家庭是以婚姻、血缘和共同经济为纽带而组成的亲属团体和基本生活单元，成员之间也有法定的权利，并承担法定的义务。民法典婚姻家庭编对夫妻以及家庭成员提出了明确的禁止性要求，第一千零四十二条规定："禁止包办、买卖婚姻和其他干涉婚姻自由的行为。禁止借婚姻索取财物。禁止重婚。禁止有配偶者与他人同居。禁止家庭暴力。禁止家庭成员间的虐待和遗弃。"

包办婚姻，是指第三人违反婚姻自主的原则，包办强迫他人婚姻的违法行为。买卖婚姻，是指第三人以索取大量财物为目的，强迫他人婚姻的违法行为。买卖婚姻和借婚姻索取财物都是以索取一定数量的财物为结合的条件，二者的区别是：买卖婚姻是把妇女的人身当作商品，索取嫁女的身价或者贩卖妇女，包办强迫他人的婚姻；借婚姻索取财物，则不存在包办强迫他人婚姻的问题。应当注意的是，父母、亲友或者男女双方出于自愿的帮助、赠与，不能认为是买卖婚姻和借婚姻索取财物的行为，因为这种赠与不是婚姻成立的条件。

所谓重婚，是指有配偶的人又与他人结婚的违法行为，或者明知他人有配偶而与之登记结婚的违法行为。有配偶的人，未办理离婚手续又与他人登记结婚，构成重婚；虽未登记结婚，但事实上与他人以夫妻名义公开同居生活的，也构成重婚。前者构成法律上的重婚，后者构成事实上的重婚。我国法律明令禁止重婚，对于重婚的，不仅要解除其重婚关系，情节严重的还应追究重婚者的刑事责任。

需要注意的是，1994 年最高人民法院颁布的《关于适用新的〈婚姻登记管理条例〉的通知》规定，自 1994 年 2 月 1 日起，没有配偶的男女，未经结婚登记即以夫妻名义同居生活的，其婚姻关系无效，不受法律保护。

民法典除禁止家庭成员的虐待外，也禁止其他形式的家庭暴力。考虑到虐待和家庭暴力虽有重合之处，但虐待不能包括所有的家庭暴力行为，民法典单独规定禁止家庭暴力，如夫妻之间吵架时，丈夫一怒之下失手打死妻子，这种行为属于家庭暴力，但不属于虐待，在刑法上适用过失杀人罪，不适用虐待罪。

家庭成员间的遗弃，是指对于年老、年幼、患病或其他没有独立生活能力的家庭成员，负有赡养、抚养义务的人不履行其义务的行为。遗弃家庭成员，情节严重构成遗弃罪的，依法承担刑事责任。

— 4 —
婚姻家庭编如何贯彻平等原则？

平等作为民法典的基本原则之一，集中反映了民法典所调整的社会关系的本质特征，是全部民事法律制度的基础与核心。落实到婚姻家庭编，平等原则体现在以下几个方面：一是婚姻制度中男女平等。民法典第一千零四十一条第二款规定："实行婚姻自由、一夫一妻、男女平等的婚姻制度。"二是婚姻家庭关系中夫妻地位平等。民法典第一千零五十五条规定："夫妻在婚姻家庭中地位平等。"三是对夫妻共同财产的处理权平等。民法典第一千零六十二条规定："夫妻在婚姻关系存续期间所得的下列财产，为夫妻的共同财产，归夫妻共同所有：（一）工资、奖金、劳务报酬；（二）生产、经营、投资的收益；（三）知识产权的收益；（四）继承或者受赠的财产，但是本法第一千零六十三条第三项规定的除外；（五）其他应当归共同所有的财产。夫妻对共同财产，有平等的处理权。"

此外，民法典婚姻家庭编坚持实质平等原则，对特殊时期女性的身心保护作出了倾斜性规定，例如，民法典第一千零八十二条规定："女方在怀孕期间、分娩后一年内或者终止妊娠后六个月内，男方不得提出离婚；但是，女方提出离婚或者人民法院认为确有必要受理男方离婚请求的除外。"第一千零八十七条第一款规定："离婚时，夫妻的共同财产由双方协议处理；协议不成的，由人民法院根据财产的具体情况，按照照顾子女、女方和无过错方权益的原则判决。"

民法典规定夫妻在婚姻家庭中地位平等，主要意义在于强调夫妻在人格上的平等以及权利义务上的平等。夫妻双方应当互相尊重对方的人格独立，不得剥夺对方享有的权利，不得有夫妻任何一方只享有权利不尽义务，或者只尽义务而不享有权利的情形。

═ 5 ═
如何理解夫妻财产制度？

夫妻关系包括人身关系和财产关系，财产关系是稳定家庭生活的物质基础。民法典规定的夫妻财产制度，根据夫妻财产制度的产生方式不同，可以分为以下三种类型。

（1）夫妻约定财产制

这是指夫妻以合法约定的形式决定婚姻财产关系的制度。约定具有优先效力、对内效力和对外效力。优先效力是指约定财产制的效力优先于法定财产制。只有在当事人未就夫妻财产作出约定，或者所作约定不明确，或者所作约定无效时，才适用夫妻法定财产制。对内效力是指夫妻财产约定对婚姻关系当事人的效力。夫妻对财产关系的约定，对双方具有法律约束力，双方按照约定享有财产所有权以及管理权等其他权利，并承担相应的义务。对外效力是指夫妻财产约定对婚姻当事人以外的第三人即相对人的效力，在相对人与夫妻一方发生债权债务关系时，如果相对人知道其夫妻财产已经约定归各自所有的，就以其一方的财产清偿；相对人不知道该约定的，该约定对相对人不产生效力，夫妻一方对相对人所负的债务，按照夫妻共同财产制下的清偿原则进行偿还。民法典第一千零六十五条规定："男女双方可以约定婚姻关系存续期间所得的财产以及婚前财产归各自所有、共同所有或者部分各自所有、部分共同所有。约定应当采用书面形式。没有约定或者约定不明确的，适用本法第一千零六十二条、第一千零六十三条的规定。夫妻对婚姻关系存续期间所得的财产以及婚前财产的约定，对双方具有法律约束力。夫妻对婚姻关系存续期间所得的财产约定归各自所有，夫或者妻一方对外所负的债务，相对人知道该约定的，以夫或者妻一方的个人财产清偿。"

（2）夫妻法定财产制

这是指在夫妻双方没有就财产关系作出约定或者约定无效的情形下，依照法律规定而适用的夫妻财产制度。依照民法典规定，如果夫妻之间关于财产关系有约定的，应当依照约定处理；无约定的则适用法定财产制。

夫妻共同财产范围由民法典第一千零六十二条予以明确，而第一千零六十三条则列举了夫妻个人财产的范围，这两条规定构成了夫妻法定财产制的主要内容。对于夫妻共同财产，第一千零六十二条规定："夫妻在婚姻关系存续期间所得的下列财产，为夫妻的共同财产，归夫妻共同所有：（一）工资、奖金、劳务报酬；（二）生产、经营、投资的收益；（三）知识产权的收益；（四）继承或者受赠的财产，但是本法第一千零六十三条第三项规定的除外；（五）其他应当归共同所有的财产。夫妻对共同财产，有平等的处理权。"

民法典第一千零六十三条规定了夫妻个人财产："下列财产为夫妻一方的个人财产：（一）一方的婚前财产；（二）一方因受到人身损害获

得的赔偿或者补偿;(三)遗嘱或者赠与合同中确定只归一方的财产;(四)一方专用的生活用品;(五)其他应当归一方的财产。"

(3)特定情形下的夫妻婚内析产制

这是指夫妻在没有离婚,尚处于婚姻关系存续期内依法分割共同财产的制度。民法典第一千零六十六条规定:"婚姻关系存续期间,有下列情形之一的,夫妻一方可以向人民法院请求分割共同财产:(一)一方有隐藏、转移、变卖、毁损、挥霍夫妻共同财产或者伪造夫妻共同债务等严重损害夫妻共同财产利益的行为;(二)一方负有法定扶养义务的人患重大疾病需要医治,另一方不同意支付相关医疗费用。"根据这一规定,婚姻关系存续期间,夫妻双方一般不得请求分割共同财产,只有在法定情形下,夫妻一方才可以向人民法院请求分割共同财产。法定情形有如下两项:一是一方有隐藏、转移、变卖、毁损、挥霍夫妻共同财产或者伪造夫妻共同债务等严重损害夫妻共同财产利益的行为;二是一方负有法定扶养义务的人患重大疾病需要医治,另一方不同意支付相关医疗费用。存在上述两种法定事由的,允许夫妻双方婚内析产,将财产共有依法强行改为财产分别所有,以此来保障夫妻一方的个人财产以及解决夫妻财产平等管理权的冲突。

— 6 —
如何理解夫妻债务承担制度?

由于夫妻实行财产共有制度,夫妻双方或者一方与第三人形成的债务关系是夫妻共同债务还是个人债务需要厘清，既要保障债权人的利益，同时还要保障夫妻另一方的合法权益，避免不合理的"夫债妻还"或者"妻债夫还"。

2001 年修订的婚姻法将第四十一条改为："离婚时，原为夫妻共同生活所负的债务，应当共同偿还。共同财产不足清偿的，或财产归各自所有的，由双方协议清偿；协议不成时，由人民法院判决。"这一规定仅保留了"夫妻共同债务共担"的原则，而没有对夫妻一方举债的认定作出规定，导致在司法实践中出现了较多夫妻一方以自己对另一方负债不知情为由，规避向债权人履行偿还债务的义务，甚至通过离婚恶意转移财产给另一方，借此逃避债务的案件。

为了保障交易安全和市场秩序，保护债权人利益，避免通过离婚恶意逃债的情形，2003 年制定出台了《最高人民法院关于适用〈中华人民共和国婚姻法〉若干问题的解释（二）》。其中，第二十四条确定了"夫妻共同债务推定"的认定规则："债权人就婚姻关系存续期间夫妻一方以个人名义所负债务主张权利的，应当按夫妻共同债务处理。但夫妻一方能够证明债权人与债务人明确约定为个人债务，或者能够证明属于婚姻法第十九条第三款规定情形的除外。"这使得在随后的几年间，又出现了一些"夫借妻还"或"妻借夫还"，另一方被迫共同承担高额债务，甚至是非法债务、虚假债务的情形。

2018 年 1 月发布的《最高人民法院关于审理涉及夫妻债务纠纷案件适用法律有关问题的解释》，明确了夫妻共同债务的认定以"共债共签"为基本原则，强调共同受益，并规定了债权人对超出家庭日常生活的债务主张夫妻共同债务的，应当承担举证责任。新司法解释实现了各方利益的平衡：一方面保护了债权人的经济利益，另一方面避免损害婚姻关系中未举债一方的合法权益。

在吸收 2018 年司法解释的基础上，民法典第一千零六十四条规定："夫妻双方共同签名或者夫妻一方事后追认等共同意思表示所负的债务，以及夫妻一方在婚姻关系存续期间以个人名义为家庭日常生活需要所负的债务，属于夫妻共同债务。夫妻一方在婚姻关系存续期间以个人名义超出家庭日常生活需要所负的债务，不属于夫妻共同债务；但是，债权人能够证明该债务用于夫妻共同生活、共同生产经营或者基于夫妻双方共同意思表示的除外。"这就进一步明确了认定夫妻共同债务的标准，妥善协调与平衡了债权人、举债人、未举债一方的利益关系，正确处理了各方当事人的举证责任，保障了婚姻当事人对共同债务的决定权和同意权，基本上解决了司法实践中未举债一方"被负债"的问题。夫妻共同债务的认定标准包括以下几个方面：一是夫妻双方共同签字确认的债务属于夫妻共同债务；二是夫妻一方签字举债，但另一方以事后追认等共同意思表示认可该债务的，属于夫妻共同债务；三是夫妻一方在婚姻关系存续期间以个人名义为家庭日常生活需要所负的债务，无论另一方是否签字或事后追认，都属于夫妻共同债务；四是夫妻一方在婚姻关系存续期间以个人名义超出家庭日常生活需要所负的债务，不属于夫妻共同债务。只有债权人举证证明，该债务用于夫妻共同生活、共同生产经营或基于夫妻双方共同意思表示，才能被认定为夫妻共同债务。

关于离婚时夫妻共同债务清偿的问题，民法典第一千零八十九条规定："离婚时，夫妻共同债务应当共同偿还。共同财产不足清偿或者财产归各自所有的，由双方协议清偿；协议不成的，由人民法院判决。"按照这一规定，离婚时，夫妻共同债务应首先以夫妻共同财产进行清偿；共同财产不足以清偿或者夫妻财产归各自所有的，夫或妻应当以其个人财产来清偿债务。至于用个人财产清偿共同债务的原则或比例，民法典并未详细规定，仅规定先双方协商，协商不成的则由法院判决。

关于夫妻约定财产制中夫妻一方债务如何承担的问题，民法典第一千零六十五条第三款规定："夫妻对婚姻关系存续期间所得的财产约定归各自所有，夫或者妻一方对外所负的债务，相对人知道该约定的，以夫或者妻一方的个人财产清偿。"夫妻实行约定财产制，且约定婚姻关系存续期间财产归各自所有的，夫或妻个人举债则由个人偿还，这是一般性规定，但适用该规定的前提是债权人知道夫妻对于财产的约定。如果债权人并不知道这一情况，那么仍然适用上述"共用共债""共需共债"的共同债务认定原则。被认定为夫妻共同债务的，夫妻要对债务承担连带清偿责任。

— **7** —
如何理解离婚冷静期制度？

离婚冷静期，是指夫妻离婚时，政府给申请离婚的双方当事人一段时间，强制当事人暂时搁置离婚纠纷，在法定期限内冷静思考离婚问题，考虑清楚后再行决定是否离婚。法律规定当事人冷静思考离婚问题的期限为离婚冷静期。民法典第一千零七十六条第一款规定："夫妻双方自愿离婚的，应当签订书面离婚协议，并亲自到婚姻登记机关申请离婚登记。"第一千零七十七条规定："自婚姻登记机关收到离婚登记申请之日起三十日内，任何一方不愿意离婚的，可以向婚姻登记机关撤回离婚登记申请。前款规定期限届满后三十日内，双方应当亲自到婚姻登记机关申请发给离婚证；未申请的，视为撤回离婚登记申请。"

离婚冷静期是民法典对我国登记离婚程序的重要改革。其实，1994年民政部颁布实施的《婚姻登记管理条例》第十六条就规定："婚姻登记管理机关对当事人的离婚申请进行审查，自受理申请之日起一个月内，对符合离婚条件的，应当予以登记，发给离婚证，注销结婚证。当事人从取得离婚证起，解除夫妻关系。"但这里的一个月为婚姻登记机关对离婚申请开展审查的时间。在2003年施行的《婚姻登记条例》第十三条中，简化了离婚登记程序，删除了婚姻登记机关对离婚进行审查的规定，相应地修改为："婚姻登记机关应当对离婚登记当事人出具的证件、证明材料进行审查并询问相关情况。对当事人确属自愿离婚，并已对子女抚养、财产、债务等问题达成一致处理意见的，应当当场予以登记，发给离婚证。"

近年来，闪婚、闪离现象多见，草率结婚、离婚的现象不断增多，这不利于婚姻家庭关系与社会的稳定，因此，民法典在制度设计中增设了离婚冷静期，目的就是通过适当限制促使当事人慎重考虑是否结束婚姻关系，避免草率离婚。虽然法律规定结婚、离婚自由，但任何自由都是有限制的。离婚冷静期的设置，一方面能够减少夫妻双方因冲动而导致的草率离婚，另一方面可以节约司法资源和行政资源。如果离婚冷静期届满，当事人仍坚持离婚，双方应当在离婚冷静期届满后的30日内，亲自到婚姻登记机关申请发给离婚证，婚姻登记机关就会发给离婚证。如果在离婚冷静期届满后的30日内，当事人双方没有亲自到婚姻登记机关申请发给离婚证，则视为撤回离婚申请。

离婚双方当事人在第一次向婚姻登记机关提交离婚登记申请时，

实际上已经就子女抚养、共同财产分割、共同债务承担等形成了协议。离婚冷静期是请双方慎重考虑解除婚姻关系，在此期间，此前已经形成的离婚协议不能单方变更。如果一方在离婚冷静期内有转移或藏匿夫妻共同财产的行为，另一方可以撤回离婚登记申请，改为诉讼离婚并积极搜集相关证据，维护其合法的财产权益。

— 8 —
如何理解离婚救济制度？

离婚是男女双方的自由，但为了确保婚姻中的一方不因离婚而导致利益受损及生活困难，民法典规定了离婚救济制度。离婚救济制度包括离婚救济补偿制度、离婚救济帮助制度和离婚损害赔偿制度。

（1）离婚救济补偿制度

离婚救济补偿制度是指离婚时，一方可以因其在婚姻关系存续期间对家庭和子女付出更多的义务而向另一方请求补偿。民法典第一千零八十八条规定："夫妻一方因抚育子女、照料老年人、协助另一方工作等负担较多义务的，离婚时有权向另一方请求补偿，另一方应当给予补偿。具体办法由双方协议；协议不成的，由人民法院判决。"这一规定取消了原婚姻法中以夫妻分别财产制为基础的离婚家务劳动经济补偿，重构了离婚家务劳动经济补偿制度，是婚姻家庭编的亮点之一。

2001年修订的婚姻法第四十条，出于保护妇女权益的目的，根据家务劳动主要由妇女承担的社会现实，增设了家务劳动经济补偿制度，但这种补偿的获得以书面约定婚姻关系存续期间所得的财产归各自所有为前提。司法实践中，由于夫妻很少采取分别财产制，导致在离婚诉讼案件中，该条很少适用。民法典删除了夫妻分别财产制的必要条件，规定只要夫妻一方因抚育子女、照料老年人、协助另一方工作等负担较多义务，在离婚时，就有权向另一方请求补偿，另一方也应当给予补偿。在一方因承担较多家庭义务，导致其人力资本贬损，或是另一方人力资本增值的情况下，民法典通过在离婚时赋予付出较多一方请求补偿的权利，来确保实现实质平等与实质公平的立法目标。同时，民法典还通过第一千零八十八条的规定倡导家庭成员和整个社会充分认识到家务劳动对家庭美满幸福、社会和谐稳定的重要作用与重大价值。

在适用民法典第一千零八十八条时，需要注意几点：一是只有在离婚之时，才有适用家务劳动经济补偿制度的问题。二是夫妻一方因抚育子女、照料老年人、协助另一方工作等已经承担了较多义务。三是无论夫妻采取何种财产制，都可以适用家务劳动经济补偿制度。四是具体补偿办法可由离婚双方当事人协商，达不成协议的，由法院判决。五是对付出家务劳动较多一方的经济补偿，不影响其按照民法典第一千零九十条、第一千零九十一条同时请求离婚经济帮助和无过错方损害赔偿的权利。

（2）离婚救济帮助制度

离婚救济帮助制度是指离婚时，经夫妻双方协商或者法院判决，由有负担能力的一方给予生活困难的另一方适当帮助的制度。民法典第一千零九十条规定："离婚时，如果一方生活困难，有负担能力的另一方应当给予适当帮助。具体办法由双方协议；协议不成的，由人民法院判决。"离婚帮助并非婚姻关系存续期间夫妻间的扶养义务，而仅是一方对另一方道义上的责任，因此，这种帮助仅限于解决对方的生活困难，而不应损害帮助方的权益。因此，民法典在规定离婚帮助时，明确规定"给予适当帮助"。

（3）离婚损害赔偿制度

离婚损害赔偿制度是指因夫妻一方的特定侵权行为导致离婚，法律规定另一方有权请求损害赔偿的制度。民法典第一千零九十一条规定："有下列情形之一，导致离婚的，无过错方有权请求损害赔偿：（一）重婚；（二）与他人同居；（三）实施家庭暴力；（四）虐待、遗弃家庭成员；（五）有其他重大过错。"原婚姻法对离婚损害赔偿制度的规定，仅限于四种情况，即重婚，与他人同居，实施家庭暴力，虐待、遗弃家庭成员。民法典增加了一种情况，即有其他重大过错。这是一个兜底条款的规定，比如，民法典第一千零五十四条第二款规定："婚姻无效或者被撤销的，无过错方有权请求损害赔偿。"根据这一规定，胁迫他人结婚的，被胁迫者在申请撤销婚姻后，有权提出损害赔偿请求；隐瞒重大疾病导致婚姻被撤销的，隐瞒疾病的一方应当承担损害赔偿责任。

═ **9** ═
民法典对被收养人和收养人的条件
有哪些规定？

收养是自然人领养他人子女为自己子女的一种民事法律行为，能够起到依法变更亲子关系、转移亲子间权利义务关系的法律效力。收养作为一种为儿童提供温暖、正常的成长环境的重要方式，在保护儿童利益方面发挥着重要作用。随着社会的发展和进步，"儿童最大利益原则"成为收养立法的指导原则，以最大限度地保护被收养儿童的利益。联合国大会 1986 年 12 月 3 日第 41/85 号决议通过的《关于儿童保护和儿童福利、特别是国内和国际寄养和收养办法的社会和法律原则宣言》第五条指出："在亲生父母以外安排儿童的照料时，一切事项应以争取儿童的最大利益特别是他或她得到慈爱的必要并享有安全和不断照料的权利为首要考虑。"1989 年 11 月 20 日第 44 届联合国大会通过的《儿童权利公约》则成为确立"儿童最大利益原则"的里程碑，我国也加入了该公约。"儿童最大利益原则"也是我国立法、行政、司法工作的基本原则。

（1）关于被收养人的条件

民法典第一千零九十三条规定："下列未成年人，可以被收养：（一）丧失父母的孤儿；（二）查找不到生父母的未成年人；（三）生父母有特殊困难无力抚养的子女。"值得注意的是，原收养法对被收养人限定为未满十四周岁的儿童，民法典则将被收养人的年龄放宽至十八周岁以下。

（2）关于收养人的条件

民法典第一千零九十八条规定："收养人应当同时具备下列条件：（一）无子女或者只有一名子女；（二）有抚养、教育和保护被收养人的能力；（三）未患有在医学上认为不应当收养子女的疾病；（四）无不利于被收养人健康成长的违法犯罪记录；（五）年满三十周岁。"

　　针对特定的收养人进行收养的，民法典有宽松的规定，收养三代以内旁系同辈血亲的子女，可以不受本法第一千零九十三条第三项、第一千零九十四条第三项和第一千一百零二条规定的限制。华侨收养三代以内旁系同辈血亲的子女，还可以不受本法第一千零九十八条第一项规定的限制。如果是继父母收养继子女的，收养人可以不受第一千零九十八条规定的限制。

　　需要说明的是，我国不允许夫妻单方收养，民法典第一千一百零一条规定："有配偶者收养子女，应当夫妻共同收养。"此外，单身男收养女孩，单身女收养男孩，收养人与被收养人的年龄应当相差四十周岁以上。民法典第一千一百零二条规定："无配偶者收养异性子女的，收养人与被收养人的年龄应当相差四十周岁以上。"

第七章

继 承

继承制度是关于自然人死亡后财富传承的基本制度。1985 年 4 月，六届全国人大三次会议通过了继承法。民法典第六编"继承"在继承法的基础上，根据我国社会家庭结构、继承观念等方面的发展变化，对遗产的范围、继承人的范围、遗嘱的形式与效力、遗产管理人等内容作了大量修改完善，以满足人民群众处理遗产的现实需要，最大限度尊重被继承人的意志，为相关民事主体行使继承权提供有力的法律保障。

— 1 —
民法典继承编的主要内容有哪些？

民法典继承编调整因继承而产生的民事关系，旨在保护自然人的继承权，是民法典的重要组成部分。继承编共 4 章、45 条，主要规定了以下内容。

（1）继承制度的基本规则

继承编第一章规定了继承制度的基本规则，重申了国家保护自然人的继承权，规定了继承的基本制度，并在继承法的基础上作了进一步完善。

第一，概括确定遗产的范围，保护合法财产继承权。凡是自然人死亡时遗留的个人合法财产，均可以由继承人依法继承。民法典第一千一百二十二条规定："遗产是自然人死亡时遗留的个人合法财产。依照法律规定或者根据其性质不得继承的遗产，不得继承。"依照这一规定，除法律明确禁止个人所有的财产外，只要是属于个人合法的财产，原则上都可以作为遗产，由其继承人继承。

第二，重申遗赠扶养协议优先于遗嘱继承，遗嘱继承优先于法定继承原则，充分尊重被继承人的意志。民法典第一千一百二十三条规定："继承开始后，按照法定继承办理；有遗嘱的，按照遗嘱继承或者遗赠办理；有遗赠扶养协议的，按照协议办理。"

第三，不得非法剥夺继承人的继承权。除符合民法典规定的丧失继承权的情形外，不得以任何理由剥夺继承人的继承权。根据民法典第一千一百二十五条的规定，继承人有下列行为之一的，丧失继承权：一是故意杀害被继承人；二是为争夺遗产而杀害其他继承人；三是遗弃被继承人，或者虐待被继承人情节严重；四是伪造、篡改、隐匿或者销毁遗嘱，情节严重；五是以欺诈、胁迫手段迫使或者妨碍被继承人设立、变更或者撤回遗嘱，情节严重。除此之外，任何单位和个人都无权非法剥夺继承人的继承权。

（2）法定继承制度

继承编第二章规定了法定继承制度，明确了继承权男女平等原则，规定了法定继承人的顺序和范围，以及遗产分配的基本制度。同时，在继承法的基础上，完善代位继承制度，增加规定被继承人的兄弟姐妹先于被继承人死亡的，由被继承人的兄弟姐妹的子女代位继承。

第一，确认法定继承人的范围和继承顺序。民法典第一千一百二十七条第一款、第二款规定："遗产按照下列顺序继承：（一）第一顺序：配偶、子女、父母；（二）第二顺序：兄弟姐妹、祖父母、外祖父母。继承开始后，由第一顺序继承人继承，第二顺序继承人不继承；没有第一顺序继承人继承的，由第二顺序继承人继承。"第一千一百二十九条规定："丧偶儿媳对公婆，丧偶女婿对岳父母，尽了主要赡养义务的，作为第一顺序继承人。"

第二，完善了代位继承制度。民法典第一千一百二十八条规定："被继承人的子女先于被继承人死亡的，由被继承人的子女的直系晚辈血亲代位继承。被继承人的兄弟姐妹先于被继承人死亡的，由被继承人的兄弟姐妹的子女代位继承。代位继承人一般只能继承被代位继承人有权继承的遗产份额。"

第三，确立遗产分配的原则。民法典第一千一百三十条规定："同一顺序继承人继承遗产的份额，一般应当均等。对生活有特殊困难又缺乏劳动能力的继承人，分配遗产时，应当予以照顾。对被继承人尽了主要扶养义务或者与被继承人共同生活的继承人，分配遗产时，可以多分。有扶养能力和有扶养条件的继承人，不尽扶养义务的，分配遗产时，应当不分或者少分。继承人协商同意的，也可以不均等。"这一规定确立了遗产分配的基本原则，即同一顺序继承人继承遗产的份额以均等为原则，以不均等为例外。此外，民法典第一千一百三十一条还规定了酌情分得遗产权："对继承人以外的依靠被继承人扶养的人，或者继承人以外的对被继承人扶养较多的人，可以分给适当的遗产。"

（3）遗嘱继承和遗赠制度

继承编第三章规定了遗嘱继承和遗赠制度，并在继承法的基础上，进一步修改完善了遗嘱继承制度。

第一，增加了打印、录音录像等新的遗嘱形式。民法典从第一千一百三十四条到第一千一百三十九条全面规定了遗嘱形式，包括自书遗嘱、代书遗嘱、打印遗嘱、以录音录像形式立的遗嘱、口头遗嘱、公证遗嘱六种遗嘱形式，其中，打印遗嘱、以录音录像形式立的遗嘱为新增加的遗嘱形式。

第二，修改了遗嘱效力规则，删除了继承法关于公证遗嘱效力优先的规定，切实尊重遗嘱人的真实意愿。民法典第一千一百四十二条规定："遗嘱人可以撤回、变更自己所立的遗嘱。立遗嘱后，遗嘱人实施与遗嘱内容相反的民事法律行为的，视为对遗嘱相关内容的撤回。立有数份遗嘱，内容相抵触的，以最后的遗嘱为准。"关于无效遗嘱的情形，民法典第一千一百四十三条规定："无民事行为能力人或者限制民事行为能力人所立的遗嘱无效。遗嘱必须表示遗嘱人的真实意思，受欺诈、胁迫所立的遗嘱无效。伪造的遗嘱无效。遗嘱被篡改的，篡改的内容无效。"

（4）遗产处理的程序和规则

继承编第四章规定了遗产处理的程序和规则，并在继承法的基础上，进一步完善了有关遗产处理的制度。

第一，新设遗产管理人制度。民法典第一千一百四十五条规定："继承开始后，遗嘱执行人为遗产管理人；没有遗嘱执行人的，继承人应当及时推选遗产管理人；继承人未推选的，由继承人共同担任遗产管理人；没有继承人或者继承人均放弃继承的，由被继承人生前住所地的民政部门或者村民委员会担任遗产管理人。"第一千一百四十六条规定：

"对遗产管理人的确定有争议的，利害关系人可以向人民法院申请指定遗产管理人。"关于遗产管理人的职责，民法典第一千一百四十七条规定："遗产管理人应当履行下列职责：（一）清理遗产并制作遗产清单；（二）向继承人报告遗产情况；（三）采取必要措施防止遗产毁损、灭失；（四）处理被继承人的债权债务；（五）按照遗嘱或者依照法律规定分割遗产；（六）实施与管理遗产有关的其他必要行为。"民法典还专门规定了遗产管理人的赔偿责任以及报酬问题，第一千一百四十八条规定："遗产管理人应当依法履行职责，因故意或者重大过失造成继承人、受遗赠人、债权人损害的，应当承担民事责任。"第一千一百四十九条规定："遗产管理人可以依照法律规定或者按照约定获得报酬。"

第二，关于遗产债务的清偿。按照民法典第一千一百五十九条至第一千一百六十三条的规定，分割遗产，应当清偿被继承人依法应当缴纳的税款和债务；继承人以所得遗产实际价值为限清偿被继承人依法应当缴纳的税款和债务。超过遗产实际价值部分，继承人自愿偿还的不在此限。继承人放弃继承的，对被继承人依法应当缴纳的税款和债务可以不负清偿责任。执行遗赠不得妨碍清偿遗赠人依法应当缴纳的税款和债务。既有法定继承又有遗嘱继承、遗赠的，由法定继承人清偿被继承人依法应当缴纳的税款和债务；超过法定继承遗产实际价值部分，由遗嘱继承人和受遗赠人按比例以所得遗产清偿。

第三，关于遗产的分割。民法典第一千一百五十六条规定："遗产分割应当有利于生产和生活需要，不损害遗产的效用。不宜分割的遗产，可以采取折价、适当补偿或者共有等方法处理。"依照民法典的规定，分割遗产，应当为缺乏劳动能力又没有生活来源的继承人保留必要的遗产。遗产分割时，应当保留胎儿的继承份额。

— 2 —
如何理解遗产？

遗产是自然人死亡时遗留的个人合法财产。民法典第一千一百二十二条规定："遗产是自然人死亡时遗留的个人合法财产。依照法律规定或者根据其性质不得继承的遗产，不得继承。"这是用"概括式规定加除外规定"的立法方式来确定遗产的范围。理解这一规定，需要注意以下三个方面。

第一，遗产是财产或财产性权益，非财产性权利（人格权、人身权或相关权益）不得作为遗产继承。

第二，遗产必须是合法的财产，非法的财产不属于遗产的范围。

第三，遗产必须是被继承人个人的财产，非个人财产不属于遗产的范围。

不得继承的遗产主要有两类：第一类是根据其性质不得继承的遗产，这主要是与被继承人人身有关的专属性权利，比如，被继承人所签订的劳动合同上的权利义务、被继承人所签订的演出合同上的权利义务。第二类是根据法律规定不得继承的遗产。根据民法典第八条的规定，民事主体从事民事活动，不得违反法律，不得违背公序良俗。如果法律明确规定某些财产不得继承的，继承人自然不得继承。

民法典采用概括式的遗产范围立法方式，优化了对不能继承的遗产的规定。关于遗产的范围，原继承法第三条规定："遗产是公民死亡时遗留的个人合法财产，包括：（一）公民的收入；（二）公民的房屋、储蓄和生活用品；（三）公民的林木、牲畜和家禽；（四）公民的文物、图书资料；（五）法律允许公民所有的生产资料；（六）公民的著作权、专利权中的财产权利；（七）公民的其他合法财产。"可见，原继承法采用了"列举加兜底条款"的方式确定遗产的范围。随着时间的推移，人们的生产方式不断丰富、生活水平日益提高，个人合法财产也多种多样。原继承法规定的遗产范围有明显的时代特征，已落后于社会迅速发展的步伐。民法典通过"概括式规定加除外规定"的方式扩大了遗产的范围，诸如虚拟财产等新型财产类型亦可划入遗产的范围，不仅顺应了经济发展要求，也为司法实践提供了充分的认定空间与裁判依据。

— 3 —
遗产分配应当遵循什么原则？

关于遗产分配，民法典第一千一百三十条规定："同一顺序继承人继承遗产的份额，一般应当均等。对生活有特殊困难又缺乏劳动能力的继承人，分配遗产时，应当予以照顾。对被继承人尽了主要扶养义务或者与被继承人共同生活的继承人，分配遗产时，可以多分。有扶养能力和有扶养条件的继承人，不尽扶养义务的，分配遗产时，应当不分或者少分。继承人协商同意的，也可以不均等。"这一规定明确了法定继承中遗产份额的分配原则。

（1）一般情况下，同一顺序继承人继承遗产的份额应当均等

这是法定继承中分配遗产份额应当遵循的一般原则，即遗产按照

同一顺序继承人的人数平均分配，各继承人取得的遗产份额均等，不因性别、年龄、婚否等因素而有所不同。

（2）在特殊情况下，同一顺序继承人继承遗产的份额可以不均等

主要有以下四种情况。

第一，对生活有特殊困难又缺乏劳动能力的继承人，分配遗产时，应当予以照顾。应当予以照顾的继承人必须同时满足以下两个条件：一是生活有特殊困难，而不是一般困难；二是缺乏劳动能力，根本无法通过参加劳动改变生活困难的局面，而不是劳动能力不强。

第二，对被继承人尽了主要扶养义务或者与被继承人共同生活的继承人，分配遗产时，可以多分。对被继承人尽了主要扶养义务的继承人，是指对被继承人在经济上提供主要帮助或者在生活上给予主要照顾的继承人，在分配遗产时给予这类继承人适当倾斜。但是，与被继承人共同生活，有扶养能力和扶养条件却对需要扶养的被继承人不尽扶养义务的，则不适用这一规定。

第三，有扶养能力和扶养条件的继承人，不尽扶养义务的，分配遗产时，应当不分或者少分。对于这类继承人不分或者少分遗产，必须符合以下两个条件：一是继承人有扶养能力和扶养条件；二是继承人不尽扶养义务。继承人是否尽到了扶养义务一般是从客观上来判断，但是，在实践中也存在继承人有扶养能力和扶养条件，愿意尽扶养义务，而被继承人因有固定收入和劳动能力，明确表示不要求其扶养的情形。在这种情况下，尽管继承人客观上并没有扶养被继承人，但在分配遗产时，一般不应当以此为依据对该继承人不分或者少分遗产。

如果被继承人生前需要继承人扶养，继承人有扶养能力和扶养条件却不尽扶养义务，不仅违背公序良俗原则，而且违反法律的规定，情节严重的，甚至可能构成遗弃被继承人的刑事犯罪。对这部分继承人，应当不分或者少分遗产，情节严重的，还应当剥夺继承权。

第四，继承人协商同意的，也可以不均等。民法典充分尊重当事人之间的意思自治。各法定继承人经协商一致，同意不均分遗产的，继承份额也可以不均等。

此外，民法典对于酌情分得遗产也有特殊规定。民法典第一千一百三十一条规定："对继承人以外的依靠被继承人扶养的人，或者继承人以外的对被继承人扶养较多的人，可以分给适当的遗产。"该规定的宗旨，在于创造一种新的遗产取得方式，使继承人以外的其他人基于正义、扶助的理念获得一定数量的遗产，因此可以分给适当遗产的人为继承人以外的人。在法定继承中，除了法定继承人有权参加继承外，具备法定条件的非继承人也有权适当分得遗产，具体而言有以下两种：一种是依靠被继承人扶养的人，另一种是对被继承人扶养较多的人。在其依法取得遗产权利受到侵害时，有权以独立的主体进行起诉。

— 4 —
如何理解法定继承、遗嘱继承、遗赠和遗赠
扶养协议的效力？

继承法律制度由法定继承、遗嘱继承、遗赠和遗赠扶养协议共同组成。其中，遗嘱继承是自然人处分自己去世后个人财产的一

种重要方式，在继承序位上优先于法定继承。遗嘱继承反映了被继承人的自由意志，同时也对家庭的和睦团结有重大影响。民法典第一千一百二十三条规定："继承开始后，按照法定继承办理；有遗嘱的，按照遗嘱继承或者遗赠办理；有遗赠扶养协议的，按照协议办理。"理解这一规定，需要注意以下三个方面。

第一，继承开始后，按照法定继承办理。通常情况下，如果被继承人生前没有留下有效的遗嘱，继承开始后，就按照法定继承制度，根据继承编所规定的继承人范围、顺序、遗产分配方法等，确定各继承人之间所得遗产的数额。这是最为常见的继承方式。

第二，有遗嘱的，按照遗嘱继承或者遗赠办理。如果被继承人生前留下了合法有效的遗嘱，被继承人的财产需要优先根据遗嘱的内容进行分配。有遗嘱的情况包括以下两种情形：第一种情况是遗嘱指定了特定的继承人继承；第二种情况是被继承人通过遗嘱将遗产赠与继承人以外的个人或者组织，处理遗产就必须尊重被继承人的意思。被继承人的遗嘱可能是处理了自己的所有遗产，也可能是处理了自己的部分遗产，不管是哪种情况，只要有遗嘱，就优先按照遗嘱的指示来分配所涉的遗产。

第三，有遗赠扶养协议的，按照协议办理。遗赠扶养协议是自然人生前与继承人以外的个人或者组织签订的协议。在自然人生前与他人签订了遗赠扶养协议的情况下，应当以遗赠扶养协议优先处理所涉遗产。由于双方当事人可以事先约定扶养人受遗赠的财产范围，超过此范围的遗产，如果被扶养人立有遗嘱，则应当按照遗嘱处理；如果没有遗嘱，则应当按照法定继承办理。

遗赠扶养协议之所以具有更高的法律效力，是因为遗赠扶养协议具有双方义务的属性，扶养人要承担遗赠人（即被扶养人）的生养死葬的义务，在遗赠人死后取得遗产。因此，相比于无须履行义务即可获得遗产的法定继承和遗嘱继承、遗赠来说，遗赠扶养协议具有更高的法律效力，在遗嘱的内容与遗赠扶养协议的内容发生冲突时，遗嘱中冲突部分的内容无效。

— 5 —
遗嘱的订立形式有哪些？公证遗嘱
效力是否优先？

关于遗嘱的订立，民法典列举了六种遗嘱形式。

第一，自书遗嘱。民法典第一千一百三十四条规定："自书遗嘱由遗嘱人亲笔书写，签名，注明年、月、日。"

第二，代书遗嘱。民法典第一千一百三十五条规定："代书遗嘱应当有两个以上见证人在场见证，由其中一人代书，并由遗嘱人、代书人和其他见证人签名，注明年、月、日。"

第三，打印遗嘱。民法典第一千一百三十六条规定："打印遗嘱应当有两个以上见证人在场见证。遗嘱人和见证人应当在遗嘱每一页签名，注明年、月、日。"

第四，以录音录像形式立的遗嘱。民法典第一千一百三十七条规定："以录音录像形式立的遗嘱，应当有两个以上见证人在场见证。遗嘱人和见证人应当在录音录像中记录其姓名或者肖像，以及年、月、日。"

第五，口头遗嘱。民法典第一千一百三十八条规定："遗嘱人在危急情况下，可以立口头遗嘱。口头遗嘱应当有两个以上见证人在场见证。危急情况消除后，遗嘱人能够以书面或者录音录像形式立遗嘱的，所立的口头遗嘱无效。"

第六，公证遗嘱。民法典第一千一百三十九条规定："公证遗嘱由遗嘱人经公证机构办理。"

需要注意的是，代书遗嘱、打印遗嘱、以录音录像形式立的遗嘱和口头遗嘱都要求有两个以上的见证人在场见证。见证人对遗嘱是否生效有至关重要的作用，对于法律不允许作为见证人的，遗嘱人应当将其排除，否则就会导致遗嘱无效。至于哪些人不能作为遗嘱见证人，民法典第一千一百四十条规定："下列人员不能作为遗嘱见证人：（一）无民事行为能力人、限制民事行为能力人以及其他不具有见证能力的人；（二）继承人、受遗赠人；（三）与继承人、受遗赠人有利害关系的人。"

在上述六种订立遗嘱的形式中，哪种形式具有优先地位呢？原继承法第二十条第三款规定："自书、代书、录音、口头遗嘱，不得撤销、变更公证遗嘱。"最高人民法院在《关于贯彻执行〈中华人民共和国继承法〉若干问题的意见》第四十二条规定："遗嘱人以不同形式立有数份内容相抵触的遗嘱，其中有公证遗嘱的，以最后所立公证遗嘱为准；没有公证遗嘱的，以最后所立的遗嘱为准。"上述规定确立了公证遗嘱的优先效力。但在民法典中，公证遗嘱的效力已不具有优先地位。民法典第一千一百四十二条规定："遗嘱人可以撤回、变更自己所立的遗嘱。立遗嘱后，遗嘱人实施与遗嘱内容相反的民事法律行为的，视为对遗嘱相关内容的撤回。立有数份遗嘱，内容相抵触的，以最后的遗嘱为准。"根据这一规定，所有遗嘱形式具有同等效力，以最后所立的遗嘱为准，取消了公证遗嘱的优先效力。也就是说，在内容相抵触的情况下，任何形式的后遗嘱都可以视为对在先遗嘱的变更或者撤回；在效力层级上，不再考虑遗嘱是否经过了公证。这一规定切实尊重了遗嘱人的真实意愿，满足了人民群众处理遗产的现实需要。

═ **6** ═
民法典规定什么情况下丧失继承权、
恢复继承权？

继承权丧失，是指继承人因对被继承人或者其他继承人实施了法律所禁止的行为，而依法被取消继承被继承人遗产的资格。民法典第一千一百二十五条第一款规定："继承人有下列行为之一的，丧失继承权：（一）故意杀害被继承人；（二）为争夺遗产而杀害其他继承人；（三）遗弃被继承人，或者虐待被继承人情节严重；（四）伪造、篡改、隐匿或者销毁遗嘱，情节严重；（五）以欺诈、胁迫手段迫使或者妨碍被继承人设立、变更或者撤回遗嘱，情节严重。"

原继承法第七条规定了继承权丧失的四种情形，即故意杀害被继承人的；为争夺遗产而杀害其他继承人的；遗弃被继承人的，或者虐待被继承人情节严重的；伪造、篡改或者销毁遗嘱，情节严重的。与之相比，民法典有两个方面的变化：一是增加了一种情形，即"以欺诈、胁迫手段迫使或者妨碍被继承人设立、变更或者撤回遗嘱，情节严重"；二是除了"伪造、篡改、销毁遗嘱"这三种情况，还有隐匿遗嘱，情节严重的，也可导致继承权丧失。

继承权的恢复，是指由于某种法定事由的发生，使得继承权在丧失后得以恢复。民法典第一千一百二十五条第二款规定："继承人有前款第三项至第五项行为，确有悔改表现，被继承人表示宽恕或者事后在遗嘱中将其列为继承人的，该继承人不丧失继承权。"因继承权的恢复需要得到被继承人的宽恕，这一制度又被称为宽宥制度，是民法典继承编的一大特色。宽宥制度其实就是给继承人犯错后一个悔改的表现机会，只要得到被继承人的宽恕，则适用宽宥制度，不再当然地剥夺继承人的继承权。宽宥制度充分体现了民法意思自治的权利原则。根据民法典的规定，适用宽宥制度的三种丧失继承权的情形为：一是遗弃被继承人，或者虐待被继承人情节严重；二是伪造、篡改、隐匿或者销毁遗嘱，情节严重；三是以欺诈、胁迫手段迫使或者妨碍被继承人设立、变更或者撤回遗嘱，情节严重。继承人实施上述丧失继承权的情形之一，确有悔改表现，被继承人表示宽恕或者事后在遗嘱中将其列为继承人的，不丧失继承权。

— 7 —
如何理解遗产管理人制度？

遗产管理人是在继承开始后遗产分割前，负责处理涉及遗产有关事务的人。随着社会的发展，人们所拥有的财产数额、种类日益增多，为了确保遗产得到妥善管理、顺利分割，更好地维护继承人、债权人利益，避免和减少纠纷，民法典继承编新增了遗产管理人制度。民法典对遗产管理人制度的规定，填补了继承法在遗产管理人制度上的欠缺，实现了遗产管理的制度化、规范化。

（1）关于遗产管理人确定的问题

民法典第一千一百四十五条规定："继承开始后，遗嘱执行人为遗产管理人；没有遗嘱执行人的，继承人应当及时推选遗产管理人；继承人未推选的，由继承人共同担任遗产管理人；没有继承人或者继承人均放弃继承的，由被继承人生前住所地的民政部门或者村民委员会担任遗产管理人。"

根据该规定，遗产管理人的确定分为三种情形：一是在遗嘱继承中有遗嘱执行人的，遗嘱执行人为遗产管理人；二是在没有遗嘱执行人的遗嘱继承和法定继承中，继承人应当首先推选遗产管理人，未推选的，由继承人共同担任遗产管理人；三是无人继承遗产的，由被继承人生前住所地的民政部门或者村民委员会担任遗产管理人。

如果对遗产管理人的确定有争议，根据民法典第一千一百四十六条的规定，利害关系人可以向人民法院申请指定遗产管理人。利害关系人包括继承人、受遗赠人、遗赠抚养人、遗嘱执行人等。

（2）关于遗产管理人的职责

民法典第一千一百四十七条规定："遗产管理人应当履行下列职责：（一）清理遗产并制作遗产清单；（二）向继承人报告遗产情况；（三）采取必要措施防止遗产毁损、灭失；（四）处理被继承人的债权债务；（五）按照遗嘱或者依照法律规定分割遗产；（六）实施与管理遗产有关的其他必要行为。"根据这一规定，遗产管理人的职责包括以下几个方面。

第一，清理遗产并制作遗产清单。清理遗产就是要清查整理所有的遗产，既要清理被继承人遗留的动产，也要清理不动产；既要清理有形财产，也要清理无形资产；既要清理债权，也要清理债务。遗产管理人在清理遗产后，应当制作书面的遗产清单，详细列明被继承人遗留的所有财产情况、债权债务情况等。

第二，向继承人报告遗产情况。遗产管理人应当向全体继承人报告，既包括遗嘱继承人，也包括法定继承人，但不包括受遗赠人和被继承人的债权人；报告的形式应当是书面形式；遗产管理人应当向继承人全面报告遗产情况，如果被继承人在遗嘱中特别说明，某项遗产应当秘密归属于某个特定的继承人，则不宜向全体继承人公布。

第三，采取必要措施防止遗产毁损、灭失。遗产管理人不仅需要清点遗产，还需要承担起积极妥善保管遗产的职责。需要注意的是，遗产管理人仅有防止遗产毁损、灭失的职责，而没有确保遗产增值的义务。如果遗产管理人是由全体继承人共同担任，在全体继承人协商一致的情况下，对遗产进行必要的处分，也是可以的。

第四，处理被继承人的债权债务。遗产管理人在清理遗产时，发现被继承人生前有债权的，应当依法向债务人主张债权；在分割遗产之前，应当清偿被继承人生前债务，因此，遗产管理人如果发现被继承人生前负有债务的，也应当以遗产偿还此债务。

第五，按照遗嘱或者依照法律规定分割遗产。如果被继承人生前留下了遗嘱，遗产管理人需要根据被继承人所立遗嘱处理遗产。如果被继承人生前没有留下遗嘱，遗产管理人则需要按照法定继承的相关规则来分割遗产。如果被继承人生前签订了遗赠扶养协议，那么，遗产管理人就应当优先按照遗赠扶养协议的约定来处理遗产。

第六，实施与管理遗产有关的其他必要行为。本项为兜底性的规定，只要基于管理遗产的需要，遗产管理人就可以实施相关的行为，确保遗产得到妥善有效的管理。比如，继承人中的一人强行占有遗产的，遗产管理人可以向法院申请排除妨害，并追究其责任。民法典第一千一百五十一条规定："存有遗产的人，应当妥善保管遗产，任何组织或者个人不得侵吞或者争抢。"

第八章

侵权责任

QINQUAN ZEREN

侵权责任是民事主体侵害他人权益应当承担的法律后果。2009 年 12 月 26 日，第十一届全国人大常委会第十二次会议通过了侵权责任 法，该法自 2010 年 7 月 1 日实施以来，在保护民事主体的合法权益，预防和制裁侵权方面发挥了重要作用。民法典侵权责任编在总结实践 经验的基础上，针对侵权领域出现的新矛盾新情况新问题，吸收、借 鉴司法解释的有关规定，对侵权责任制度作了必要的补充和完善。

— 1 —
侵权责任编的主要内容有哪些？

侵权责任编与民法典其他各编既相互独立又相互联系，共同构建 了统一规范、交融互通的民法典体系。侵权责任编共 10 章、95 条，主 要规定了以下内容。

（1）侵权责任的一般规定

侵权责任编第一章规定了侵权责任的归责原则、多数人侵权的责 任承担、侵权责任的减轻或者免除等一般规则，并在原侵权责任法的 基础上作了进一步的完善，尤其是确立自甘风险规则和自助行为制度。

侵权责任编规定了本编的调整范围，民法典第一千一百六十四条 规定："本编调整因侵害民事权益产生的民事关系。"规定了侵权行为的构成要件，以及归责原则。针对实践中数人侵权如何归责问题作出明确规定，民法典第一千一百七十条规定："二人以上实施危及他人人身、财产安全的行为，其中一人或者数人的行为造成他人损害，能够确定具体侵权人的，由侵权人承担责任；不能确定具体侵权人的，行为人承担连带责任。"第一千一百七十一条规定："二人以上分别实施侵权行为造成同一损害，每个人的侵权行为都足以造成全部损害的，行为人承担连带责任。"第一千一百七十二条规定："二人以上分别实施侵权行为造成同一损害，能够确定责任大小的，各自承担相应的责任；难以确定责任大小的，平均承担责任。"

（2）损害赔偿范围的确定

侵权责任编第二章规定了侵害人身权益和财产权益的赔偿规则、精神损害赔偿规则等。同时，在侵权责任法的基础上，对有关规定作了进一步完善：一是完善精神损害赔偿制度，规定因故意或者重大过失侵害自然人具有人身意义的特定物造成严重精神损害的，被侵权人有权请求精神损害赔偿。二是为加强对知识产权的保护，提高侵权违法成本，民法典增加规定，故意侵害他人知识产权，情节严重的，被侵权人有权请求相应的惩罚性赔偿。

（3）责任主体的特殊规定

责任主体是指因违反法定、约定的事由而需要承担法律责任的人，包括自然人、法人和其他组织。一般来说，责任人就是行为人，但有些责任主体在承担侵权责任上，有一定的特殊性，对于这些情况需要单独作出规定。为此，侵权责任编第三章规定了无民事行为能力人、限制民事行为能力人及其监护人的侵权责任，用人单位的侵权责任，网络侵权责任，以及公共场所的安全保障义务等。同时，民法典在原侵权责任法的基础上作了进一步完善：一是新增委托监护的侵权责任。明确无民事行为能力人、限制民事行为能力人造成他人损害，监护人将监护职责委托给他人的，监护人应当承担侵权责任;受托人有过错的，承担相应的责任。二是完善网络侵权责任制度。为了更好地保护权利人的利益，平衡好网络用户和网络服务提供者之间的利益，民法典细化了网络侵权责任的具体规定，完善了权利人通知规则和网络服务提供者的转通知规则。

（4）七种具体侵权责任

侵权责任编第四章至第十章分别对产品责任、机动车交通事故责任、医疗损害责任、环境污染和生态破坏责任、高度危险责任、饲养动物损害责任、建筑物和物体损害责任等作出了具体规定，并在侵权责任法的基础上，对有关内容作了进一步完善。侵权责任编规定了生态环境损害的惩罚性赔偿制度，并明确规定了生态环境损害的修复和赔偿规则，这是为贯彻落实习近平生态文明思想新增加的内容。侵权责任编为保障好人民群众的生命财产安全，对高空抛物坠物治理规则作了进一步的完善，规定禁止从建筑物中抛掷物品，同时针对此类事件处理中行为人难以确定这一难题，强调有关机关应当依法及时调查，查清责任人，并规定物业服务企业等建筑物管理人应当采取必要的安全保障措施防止此类行为的发生。

― 2 ―
侵权责任有哪些归责类型？

侵权责任在绝大多数情况下都是由于侵权人过错引起的，但根据法律的规定，在没有过错的情况下，有时也需要承担侵权责任，这就需要了解和把握侵权责任的归责原则。侵权责任法上的"归责"，是指确认和追究赔偿义务人的民事责任，而归责原则是指以何种根据确认和追究赔偿义务人的民事责任，即明确行为人承担侵权责任的原因。侵权行为的归责原则主要包括过错责任、过错推定责任、无过错责任和公平责任等类型。

（1）过错责任

过错责任是指虽造成损害但并不必然承担侵权责任，还要看行为人是否有过错。这是因为行为人存在主观上的过错而要求其承担侵权责任，是侵权责任中适用数量最多的责任类型。过错责任强调的是"有过错须担责，无过错不担责"。除法律另有规定外，一般的侵权案件都适用过错责任原则来进行归责。被侵权人要针对行为人提起诉讼，按照"谁主张谁举证"的举证责任要求，需要证明行为人的过错导致自己遭受了损害。民法典第一千一百六十五条第一款规定："行为人因过错侵害他人民事权益造成损害的，应当承担侵权责任。"根据这一规定，只要同时满足以下条件，行为人就应承担侵权责任。

第一，行为人实施了某一行为。若无行为人的行为，就不会产生侵权责任。这里的行为包括作为和不作为。

第二，行为人实施行为时有过错。在过错责任原则中，过错是确定行为人是否承担侵权责任的核心要件。

第三，受害人的民事权益受到损害，即产生了损害后果。损害是指行为人的行为对受害人的民事权益造成的不利后果，通常表现为财产减少、生命丧失、身体残疾、名誉受损、精神痛苦等。这里的"损害"是一个范围较为宽泛的概念，不但包括已经现实存在的"现实损害"，还包括构成现实威胁的"不利后果"。

第四，行为人的行为与受害人的损害之间有因果关系。因果关系是侵权责任的重要构成要件，在行为与损害事实之间确定存在因果关系的，就有可能构成侵权责任；没有因果关系的，自然就不构成侵权责任。

（2）过错推定责任

过错推定责任是指根据法律规定推定行为人有过错，行为人不能证明自己没有过错的，应当承担侵权责任。过错推定责任，比过错责任要严苛，这是为了在一些特殊情况下保护受害人，免除了受害人对过错的举证责任。民法典第一千一百六十五条第二款规定："依照法律规定推定行为人有过错，其不能证明自己没有过错的，应当承担侵权责任。"民法典第一千二百二十二条明确规定："患者在诊疗活动中受到损害，有下列情形之一的，推定医疗机构有过错：（一）违反法律、行政法规、规章以及其他有关诊疗规范的规定；（二）隐匿或者拒绝提供与纠纷有关的病历资料；（三）遗失、伪造、篡改或者违法销毁病历资料。"

（3）无过错责任

无过错责任是指不以行为人的过错为要件，只要其活动或者所管理的人、物损害了他人的民事权益，除非有法定的免责事由，否则行为人就要承担侵权责任，也被称为严格责任。民法典第一千一百六十六条规定："行为人造成他人民事权益损害，不论行为人有无过错，法律规定应当承担侵权责任的，依照其规定。"根据这一规定，严格责任的构成要件有四个：一是行为；二是受害人的损害；三是行为与损害之间具有因果关系；四是法律规定应当承担侵权责任，即不存在法定的免责情形。

（4）公平责任

公平责任不要求行为人有过错，其目的是保护弱势群体等特殊人群的利益，而让行为人承担一部分责任。民法典第一千一百八十六条规定："受害人和行为人对损害的发生都没有过错的，依照法律的规定由双方分担损失。"这一公平分担损失的规定是根据实际情况作出的特别规定。与过错责任和严格责任不同，公平责任适用于行为人和受害人对损害的发生均无过错的情况。如果损害由受害人过错造成，则应当由受害人自己负责；如果损害由行为人或者第三人过错造成，则应当由行为人或者第三人负责；如果行为人和受害人对损害的发生都有过错，则应当根据他们的过错程度分配责任。也就是说，只要有过错责任人，就不适用本规定。

﹦ 3 ﹦
如何理解自甘风险规则?

自甘风险,又称自愿承受危险,是指受害人自愿承担可能发生的损害而将自己置于危险环境或场合的,行为人对造成的损害不承担责任。民法典第一千一百七十六条规定:"自愿参加具有一定风险的文体活动,因其他参加者的行为受到损害的,受害人不得请求其他参加者承担侵权责任;但是,其他参加者对损害的发生有故意或者重大过失的除外。活动组织者的责任适用本法第一千一百九十八条至第一千二百零一条的规定。"根据这一规定,自甘风险的构成要件包括以下两点:一是受害人作出了自愿承受危险的意思表示,通常是将自己置于可能发生危险的状况之下;二是这种潜在的危险不是法律法规所禁止的,也不是社会公序良俗所反对的,且此种危险通常被社会视为存在或者难以避免的。正确理解自甘风险规则,需要把握以下几点。

第一,受害人必须意识到所参加的文体活动的风险。这种风险必然存在,至于是否会产生损害结果,则是不确定的。

第二,在正常情况下,受害人因其他参加者的行为受到损害的,其他参加者不承担侵权责任。具有一定风险的文体活动的参加者在了解风险的前提下,仍自愿参加并在文体活动中受到损害的,其他参加者不承担侵权责任。但是,其他参加者对损害的发生有故意或者重大过失的,这种由于行为人的侵权行为造成的损害已经超过受害人自甘风险的范围,对此应当根据双方的过错程度,确定损害责任的承担。

第三,对于活动组织者的责任承担,适用安全保障义务的规定。

但是应当明确，一些文体活动需要组织者详细告知参加者各种风险；另一些活动因其固有风险已经为社会公众所知晓，更为参加者所熟知，按照经验不需要组织者告知参加者风险。

— **4** —

如何理解自助行为制度？

自助行为是在不能及时得到国家机关保护的情况下，为维护自己的合法权益，不得已采取的临时措施。自助行为是为了弥补国家公权力机关救济的不足，而赋予人们暂时的、有限的实施自力救济的权利，因此，需要对自助行为进行必要的限制，以防止因实施自助行为而侵害其他人的合法权益以及破坏法律秩序的稳定性。民法典第一千一百七十七条第一款规定："合法权益受到侵害，情况紧迫且不能及时获得国家机关保护，不立即采取措施将使其合法权益受到难以弥补的损害的，受害人可以在保护自己合法权益的必要范围内采取扣留侵权人的财物等合理措施；但是，应当立即请求有关国家机关处理。"这一规定设立了民法上的自助行为制度，正确理解该制度应当把握以下几点。

第一，自己的合法权益受到了侵害，情况紧迫且不能及时获得国家机关保护，这是前提条件。

第二，如果不立即采取措施，自己的合法权益将受到难以弥补的损害，这是必要条件。

第三，在保护自己合法权益的必要范围内采取扣留侵权人的财物等合理措施，而不能对其人身进行过多的限制，这是范围条件。"保护自己合法权益"揭示了自助行为的目的，实施自助行为不能超越保护自己合法权益这个目的。"必要范围""合理措施"，主要是指通过自助行为扣留的财物应当与所保护的利益在价值上大体相当。

第四，应当立即请求有关国家机关处理，这是合法条件。自助行为结束后，行为人必须及时寻求公权力机关救济。若行为人怠于寻求公权力机关救济，或被公权力机关驳回，或被公权力机关认定行为超出必要限度，则不排除其行为的非法性，仍应依侵权行为承担相应后果。"立即请求"指自助行为完成后，"情况紧迫"的阻却事由消失，受害人应当立即向有关国家机关报告自己实施了自力救济的事实，由公权力机关及时介入处理。只有这样，自力救济才具有正当性，成为民法上的免责事由。

第五，自助行为不能超出必要的限制。民法典第一千一百七十七条第二款明确规定："受害人采取的措施不当造成他人损害的，应当承担侵权责任。"实际上，受害人因采取的措施不当造成他人损害，就突破了自力救济的必要范围，应当承担侵权责任。

民法典规定自助行为制度十分必要，为私力救济提供了法律依据。在民法典颁布之前，自助行为没有任何法律依据，但在社会生产生活中，自助行为屡见不鲜。行为人在情况紧迫、来不及请求公权力救济的情况下，常常采取自助措施以避免或减轻自己的财产或人身权利受到的侵害。民法典通过设置自助行为制度，统一规范了私力救济的适用范围和适用条件，既可以及时有效地保护权利人合法权益，又对自助行为进行必要限制，以防止私力救济被滥用。

— 5 —
民法典关于损害赔偿是如何规定的？

损害赔偿是指侵权人因侵害他人的合法民事权益造成他人人身、精神和财产损害而应承担的赔偿责任。损害赔偿分为人身损害赔偿、精神损害赔偿和财产损害赔偿三种类型。

（1）人身损害赔偿

人身损害赔偿是指行为人侵犯他人的生命健康权益造成伤害、残疾、死亡等后果的，应当承担金钱赔偿责任的一种民事法律救济制度。民法典第一千一百七十九条规定："侵害他人造成人身损害的，应当赔偿医疗费、护理费、交通费、营养费、住院伙食补助费等为治疗和康复支出的合理费用，以及因误工减少的收入。造成残疾的，还应当赔偿辅助器具费和残疾赔偿金；造成死亡的，还应当赔偿丧葬费和死亡赔偿金。"这一规定所列举的赔偿项目仅是几种比较典型的费用支出，其中，民法典将"营养费""住院伙食补助费"明确列为人身损害赔偿项目，扩大了人身损害赔偿的范围，让被侵权人能够得到更多的赔偿。

（2）精神损害赔偿

精神损害赔偿是指受害人因人格利益或身份利益受到损害或者遭受精神痛苦而获得的金钱赔偿。民法典将精神损害赔偿划分为两种情况，进一步完善了精神损害赔偿制度。

第一种情况是因人身权益受到侵害而造成的严重精神损害。民法典第一千一百八十三条第一款规定："侵害自然人人身权益造成严重精神损害的，被侵权人有权请求精神损害赔偿。"根据这一规定，精神损害赔偿的适用范围是侵害人身权益，侵害财产权益不在精神损害赔偿的适用范围之内；同时，并非只要侵害他人人身权益，被侵权人就可以获得精神损害赔偿，需要造成严重精神损害。对"严重"的解释，应当采取容忍限度理论，即超出了社会一般人的容忍限度，就可以认为是"严重"。

第二种情况是因具有人身意义特定物的毁损灭失而造成的严重精神损害。民法典第一千一百八十三条第二款规定："因故意或者重大过失侵害自然人具有人身意义的特定物造成严重精神损害的，被侵权人有权请求精神损害赔偿。"这一规定中的"具有人身意义的特定物"，在实践中主要涉及的物品类型为：与近亲属死者相关的特定纪念物品（如遗像、墓碑、骨灰盒、遗物等），与结婚礼仪相关的特定纪念物品（如录像、照片等），与家族祖先相关的特定纪念物品（如祖坟、族谱、祠堂等）。

精神损害本身无法用金钱数额进行衡量，但精神损害赔偿的数额应该与精神损害的严重程度相一致。侵权人的过错程度、侵害手段、场合、行为方式、侵权行为所造成的后果等，都是衡量被侵权人精神损害程度的重要因素。侵权人的获利情况、侵权人承担责任的经济能力与司法政策、法院结合具体案件所作的自由裁量密不可分，因此，精神损害赔偿的数额，宜结合个案情况灵活确定。

（3）财产损害赔偿

财产损害赔偿主要包括一般财产损失赔偿和知识产权中的财产利

益损失赔偿。对于一般财产损失赔偿，民法典第一千一百八十四条规定："侵害他人财产的，财产损失按照损失发生时的市场价格或者其他合理方式计算。"根据这一规定，因侵权行为导致的财产损失，一般按照财产损失发生时的市场价格计算，而非现实的市场价格。如果该财产完全毁损、灭失，要按照其在市场上所对应的标准全价计算；如果该财产已经使用多年，则其全价应当是在市场上相应的折旧价格。

对于知识产权，民法典第一千一百八十五条规定："故意侵害他人知识产权，情节严重的，被侵权人有权请求相应的惩罚性赔偿。"这一规定是民法典对知识产权加以保护的重要举措，即在实际损失赔偿的基础上，再增加额外的惩罚性赔偿，以示惩戒，并且通过惩罚性赔偿达到预防侵权行为的作用。

═ 6 ═
单位和个人在用工关系中的
责任是如何设定的？

目前，我国存在多种用工关系，其中有基于劳动合同的劳动关系、基于劳务派遣合同的劳务派遣关系、基于雇佣的劳务关系等。在实际工作生活中，职务侵权，劳务派遣、雇佣工、长短期家政人员侵权等造成的纠纷时有发生，因此，民法典对于这些主体的侵权责任给予了明确规定。

（1）用人单位的责任

民法典第一千一百九十一条第一款规定："用人单位的工作人员因

执行工作任务造成他人损害的，由用人单位承担侵权责任。用人单位承担侵权责任后，可以向有故意或者重大过失的工作人员追偿。"这里的"用人单位"既包括企业、事业单位、国家机关、社会团体等，也包括个体经济组织等；"工作人员"既包括用人单位的正式员工，也包括在用人单位工作的临时员工。用人单位的工作人员因执行工作任务造成他人损害的，由用人单位对外承担侵权责任。这种责任称为替代责任，即由他人对行为人的行为承担责任。我国对用人单位采取的是无过错责任原则，只要工作人员因执行工作任务实施侵权行为造成他人损害，用人单位就要首先承担赔偿责任。用人单位不能通过证明自己在选任或者监督方面尽到了相应的义务来免除自己的责任。当然，用人单位承担侵权责任后，可以向有故意或者重大过失的工作人员追偿。

需要注意的是，用人单位承担侵权责任的前提是工作人员的行为与"执行工作任务"有关，工作人员应当按照用人单位的授权或者指示开展工作。与工作无关的行为，即使发生在工作时间，用人单位也不承担侵权责任，该责任由工作人员自己承担。

（2）劳务派遣单位、劳务用工单位的责任

民法典第一千一百九十一条第二款规定："劳务派遣期间，被派遣的工作人员因执行工作任务造成他人损害的，由接受劳务派遣的用工单位承担侵权责任；劳务派遣单位有过错的，承担相应的责任。"劳务派遣是指劳务派遣机构与员工签订劳务派遣合同后，将工作人员派遣到用工单位工作。劳务派遣的用工形式不同于一般的用工形式。劳务派遣单位虽然与被派遣的员工签订了劳动合同，但不对被派遣员工进

行使用和具体的管理。在劳务派遣期间，被派遣的工作人员是为接受劳务派遣的用工单位工作，接受用工单位的指示和管理，同时由用工单位为被派遣的工作人员提供相应的劳动条件和劳动保护。所以，被派遣的工作人员因工作造成他人损害的，其责任应当由用工单位承担。

需要说明的是，劳务派遣单位在派遣工作人员方面存在过错的，应当承担相应的责任。工作人员毕竟是由劳务派遣单位招募甚至培训后派往其他单位从事工作的，造成他人损害的原因也可能是员工不符合招聘条件，或者未经过适当培训。因此，如果劳务派遣单位在派遣工作人员方面存在过错，也应当承担相应的责任。

（3）个人劳务关系中的侵权责任

民法典第一千一百九十二条第一款规定："个人之间形成劳务关系，提供劳务一方因劳务造成他人损害的，由接受劳务一方承担侵权责任。接受劳务一方承担侵权责任后，可以向有故意或者重大过失的提供劳务一方追偿。提供劳务一方因劳务受到损害的，根据双方各自的过错承担相应的责任。"这一规定在原侵权责任法的基础上，增加了接受劳务一方承担侵权责任后的追偿权，但仅限于可以向有故意或者重大过失的提供劳务一方追偿。

民法典第一千一百九十二条第二款规定："提供劳务期间，因第三人的行为造成提供劳务一方损害的，提供劳务一方有权请求第三人承担侵权责任，也有权请求接受劳务一方给予补偿。接受劳务一方补偿后，可以向第三人追偿。"原侵权责任法没有规定在个人之间形成的劳务关系中，因第三人的行为造成提供劳务一方损害的责任承担。民法典增加该款，明确了第三人和接受劳务一方的责任。

─ 7 ─
网络侵权责任如何设定？

民法典第一千一百九十四条规定："网络用户、网络服务提供者利用网络侵害他人民事权益的，应当承担侵权责任。法律另有规定的，依照其规定。"依据这一规定，网络侵权责任分为网络用户的责任和网络服务提供者的责任。

（1）网络用户利用网络侵害他人民事权益

一般可以分为以下三种类型。

第一，侵害人格权。主要表现为：盗用或者假冒他人姓名，侵害姓名权；未经许可使用他人肖像，侵害肖像权；发表攻击、诽谤他人的文章，侵害名誉权；非法侵入他人电脑、非法截取他人传输的信息、擅自披露他人个人信息、大量发送垃圾邮件，侵害隐私权和个人信息受保护的权利。

第二，侵害财产利益。基于网络活动的便捷性，通过网络侵害财产利益的情形较为常见，如窃取他人网络银行账户中的资金；此外，还包括侵害网络虚拟财产利益，如窃取他人网络游戏装备、虚拟货币等。

第三，侵害知识产权。主要表现为侵犯他人的著作权、商标权和专利权等知识产权。

（2）网络服务提供者

既包括提供接入、缓存、信息存储空间、搜索以及链接等服务类型的技术服务提供者，也包括主动向网络用户提供内容的内容服务提供者，还包括在电子商务中为交易双方或者多方提供网络经营场所、交易撮合、信息发布等服务，供交易双方或者多方独立开展交易活动的电子商务平台经营者。

不同类型的网络服务提供者通过网络实施侵权行为的表现也不一样。根据"技术中立原则"，技术服务提供者一般无须对他人通过网络侵犯民事权益的行为承担责任，但若其行为高度介入传输行为，则应对其行为承担责任。电子商务平台经营者一般无须对其平台出现的侵权行为承担责任。内容服务提供者应当对所上传内容的真实性与合法性负责，如果提供了侵权信息，如捏造虚假事实诽谤他人、发布侵犯著作权的影视作品等，则应当承担侵权责任。

根据民法典第一千一百九十五条、第一千一百九十六条以及第一千一百九十七条的规定，网络用户利用网络服务实施侵权行为的，权利人有权通知网络服务提供者采取删除、屏蔽、断开链接等必要措施。通知应当包括构成侵权的初步证据及权利人的真实身份信息。网络服务提供者接到通知后，应当及时将该通知转送相关网络用户，并根据构成侵权的初步证据和服务类型采取必要措施；未及时采取必要措施的，对损害的扩大部分与该网络用户承担连带责任。权利人因错误通知造成网络用户或者网络服务提供者损害的，应当承担侵权责任。法律另有规定的，依照其规定。网络用户接到转送的通知后，可以向网络服务提供者提交不存在侵权行为的声明。声明应当包括不存在侵权行为的初步证据及网络用户的真实身份信息。网络服务提供者接到声明后，应当将该声明转送发出通知的权利人，并告知其可以向有关部门投诉或者向人民法院提起诉讼。网络服务提供者在转送声明到达权利人后的合理期限内，未收到权利人已经投诉或者提起诉讼通知的，应当及时终止所采取的措施。网络服务提供者知道或者应当知道网络用户利用其网络服务侵害他人民事权益，未采取必要措施的，与该网络用户承担连带责任。

— 8 —
如何理解安全保障义务？

安全保障义务，是指宾馆、商场、银行、车站、机场、体育场馆、娱乐场所等经营场所、公共场所的经营者、管理者或者群众性活动的组织者，所负有的在合理限度范围内保障他人人身和财产安全的义务。民法典第一千一百九十八条规定："宾馆、商场、银行、车站、机场、体育场馆、娱乐场所等经营场所、公共场所的经营者、管理者或者群众性活动的组织者，未尽到安全保障义务，造成他人损害的，应当承担侵权责任。因第三人的行为造成他人损害的，由第三人承担侵权责任；经营者、管理者或者组织者未尽到安全保障义务的，承担相应的补充责任。经营者、管理者或者组织者承担补充责任后，可以向第三人追偿。"根据这一规定，发生安全保障义务的场景和情形，包括场所和活动两种。相应地，负有安全保障义务的主体也分为两类：一类是经营场所、公共场所的经营者、管理者，另一类是群众性活动的组织者。

安全保障义务责任纠纷在现实生活中较为常见。安全保障义务在性质上是一项作为义务，其责任是因为不作为而承担的责任。安全保障义务人必须进行积极的作为，以保障相关人员的人身安全和财产安全。作为义务的内容，是经营者、管理者和组织者应当按照法律法规的规定，或者行业惯例、通行做法的要求，而采取相关的安全保护措施，保障相关人员的安全。一般而言，安全保障义务的内容主要体现为责任主体在场所、设施和人员配备方面的义务，以及依法申报、制定方案、进行管理和告知的义务。违反安全保障义务的责任是一种过错责任，必须是相关主体未尽到应尽的义务，才具有过错，才需要适用安全保障义务。

═ 9 ═
教育机构有哪些主体责任？

幼儿园、学校或者其他教育机构在无民事行为能力人和限制民事行为能力人在校期间受到人身损害时，需要对未尽到教育管理职责，承担侵权责任。教育机构所承担的侵权责任是不作为责任。

（1）关于无民事行为能力人

民法典第一千一百九十九条规定："无民事行为能力人在幼儿园、学校或者其他教育机构学习、生活期间受到人身损害的，幼儿园、学校或者其他教育机构应当承担侵权责任；但是，能够证明尽到教育、管理职责的，不承担侵权责任。"教育机构对无民事行为能力人承担的是过错推定责任，承担证明责任的主体是教育机构。

（2）关于限制民事行为能力人

民法典第一千二百条规定："限制民事行为能力人在学校或者其他教育机构学习、生活期间受到人身损害，学校或者其他教育机构未尽到教育、管理职责的，应当承担侵权责任。"教育机构对限制民事行为能力人承担的是过错责任，承担证明责任的主体是受害方。

（3）关于第三人造成的人身损害

民法典第一千二百零一条规定："无民事行为能力人或者限制民事行为能力人在幼儿园、学校或者其他教育机构学习、生活期间，受到幼儿园、学校或者其他教育机构以外的第三人人身损害的，由第三人承担侵权责任；幼儿园、学校或者其他教育机构未尽到管理职责的，承担相应的补充责任。幼儿园、学校或者其他教育机构承担补充责任后，可以向第三人追偿。"这是针对造成损害的主体为第三人（即幼儿园、学校或者其他教育机构以外的人员）的情况，规定了幼儿园、学校或者其他教育机构应当承担的侵权责任。在第三人造成的无民事行为能力人或者限制民事行为能力人人身损害的案件中，教育机构未尽责的承担补充责任，可向第三人追偿。

应当注意的是，第三人的侵权责任和安全保障义务人的补充责任是有先后顺序的：先由第三人承担侵权责任，在无法找到第三人或者第三人没有能力全部承担侵权责任时，才由幼儿园、学校或者其他教育机构承担侵权责任。如果第三人已经全部承担侵权责任，则幼儿园、学校或者其他教育机构不再承担侵权责任。

— 10 —
环境污染和生态破坏责任如何归责和举证？

环境污染和生态破坏责任，是指侵权人因污染环境、破坏生态造成他人损害，应当对损害后果承担的侵权责任。民法典第一千二百二十九条规定："因污染环境、破坏生态造成他人损害的，侵权人应当承担侵权责任。"根据这一规定，环境侵权责任作为一种特殊类型的侵权责任，适用无过错责任的归责原则。根据无过错责任原则，在侵权人的行为与损害有因果关系的情形下，无论侵权人是否存在过错，都应当对其污染行为造成的损害承担侵权责任。对企业排污符合规定的标准但造成损害的情况，企业仍然应当承担侵权责任。

为了加大对生态环境保护的力度，民法典规定了生态环境损害的惩罚性赔偿制度，第一千二百三十二条规定："侵权人违反法律规定故意污染环境、破坏生态造成严重后果的，被侵权人有权请求相应的惩罚性赔偿。"此外，民法典还专门规定生态环境损害的修复和赔偿规则，第一千二百三十四条明确规定："违反国家规定造成生态环境损害，生态环境能够修复的，国家规定的机关或者法律规定的组织有权请求侵权人在合理期限内承担修复责任。侵权人在期限内未修复的，国家规定的机关或者法律规定的组织可以自行或者委托他人进行修复，所需费用由侵权人负担。"这一规定加大了生态环境损害者的责任，为修复生态环境损害提供了法律保障。

关于环境污染和生态破坏侵权举证责任的问题，民法典第一千二百三十条规定："因污染环境、破坏生态发生纠纷，行为人应当就法律规定的不承担责任或者减轻责任的情形及其行为与损害之间不存在因果关系承担举证责任。"根据这一规定，行为人应当就两种情形承担举证责任：一是法律规定的不承担责任或者减轻责任的情形；二是其行为与损害之间不存在因果关系。我国对环境侵权实行因果关系的举证责任倒置，将通常应由提出事实主张的当事人所负担的举证责任分配给对方，由对方举证该事实不成立。如果对方当事人不能就此举证证明，则推定事实主张成立，其实质是免除本应由原告承担的举证责任。

— 11 —
如何认定加害人不明的高空抛物责任？

很长时间以来，高空抛物责任的认定非常困难，因为事故发生后，受害人面对高层建筑物中的住户，很难知道谁是真正的加害人。鉴于审判实践的需要，最高人民法院发布了《关于依法妥善审理高空抛物、坠物案件的意见》，原侵权责任法第八十七条对此作了规定，民法典在侵权责任法的基础上进一步完善了加害人不明的高空抛物责任。

（1）举证责任

民法典第一千二百五十四条第一款规定："禁止从建筑物中抛掷物品。从建筑物中抛掷物品或者从建筑物上坠落的物品造成他人损害的，由侵权人依法承担侵权责任；经调查难以确定具体侵权人的，除能够证明自己不是侵权人的外，由可能加害的建筑物使用人给予补偿。可能加害的建筑物使用人补偿后，有权向侵权人追偿。"这一规定表明，在高空抛物侵权案件中实行举证责任倒置，由被告承担举证责任证明自己不是侵权人，也就是由建筑物使用人举证证明其没有实施加害行为或者其行为与损害事实之间不存在因果关系。

（2）物业企业等建筑物管理人的责任

民法典第一千二百五十四条第二款规定："物业服务企业等建筑物管理人应当采取必要的安全保障措施防止前款规定情形的发生；未采取必要的安全保障措施的，应当依法承担未履行安全保障义务的侵权责任。"这一规定表明，在高空抛物或高楼坠物致人损害的情形中，无论是否能够查明行为人，物业服务企业等建筑物管理人只要违反了其应尽的安全保障义务，就应当承担相应的责任。这种责任一般基于物业服务合同的约定，物业公司作为建筑物管理人应对建筑物、构筑物或者其他设施进行管理，并承担相应责任。

（3）公安等机关的责任

民法典第一千二百五十四条第三款规定："发生本条第一款规定的情形的，公安等机关应当依法及时调查，查清责任人。"这一规定明确了公安等机关是高空抛物案件的调查责任人。在高空抛物致人损害的情形中，受害人或者目击者往往第一选择就是报警处理，由于此类案件有可能涉及刑事犯罪，调查事实应当是公安等部门应尽的责任。

（4）可能加害的建筑物使用人的补偿责任

"建筑物使用人"指的是业主或者其他使用人，如果业主自己使用房屋，业主即建筑物使用人；如果业主将房屋出租、出借给其他人使用，则承租人、借用人就是建筑物使用人。根据民法典第一千二百五十四条的规定，高空抛物致人损害，在加害人不明时，受害人不必证明谁是加害人。根据法律规定，由可能加害的建筑物使用人承担补偿责任，如果真正的加害人在可能加害的建筑物使用人承担补偿责任以后被查证出来，其依然要承担全部的赔偿责任，也就是说，如果找到真正的加害人，承担责任的建筑物使用人可向其追偿，这就鼓励了分担责任的人追查真正的加害人而免责。

第九章

附　则

FUZE

民法典最后部分为"附则"。附则明确了民法典中一些法律术语的含义，民法典的生效时间，以及民法典与婚姻法、继承法、民法通则、收养法、担保法、合同法、物权法、侵权责任法、民法总则的关系。

══ 1 ══

民法典对一些法律术语的含义
是如何规定的？

附则部分首先对一些法律术语的含义作出了明确规定。按照民法典第一千二百五十九条的规定，民法所称的"以上""以下""以内""届满"，包括本数；所称的"不满""超过""以外"，不包括本数。这一规定明确了民法上部分法律术语的含义。

在汉语词义的解释中，"以上"指的是位置或者数目等在某一点之上；"以下"指的是位置或者数目不高于某一点；"以内"指的是介于一定的时间、数量、范围之中；"届满"指的是规定的期限已满、到期。"不满"指的是不充满，量不足；"超过"指的是高出、超出；"以外"指的是一定的限制、界限或者范围之外。从上面的基本含义可以得知，"以上""以下""以内""届满"，应当包括本数；"不满""超过""以外"，则不包括本数。

在民法典的用语中，凡是规定"以上""以下"的，都是在基数的基础上提升和降低，因此都包含本数。"以内"和"届满"通常说的是期间，是指期间范围，以及期间的最后完成，当然都包括本数在内。反之，则不包括本数。例如，民法典第十七条规定："十八周岁以上的自然人为成年人。不满十八周岁的自然人为未成年人。"第十八条第二款规定："十六周岁以上的未成年人，以自己的劳动收入为主要生活来源的，视为完全民事行为能力人。"第十九条规定："八周岁以上的未成年人为限制民事行为能力人，实施民事法律行为由其法定代理人代理或者经其法定代理人同意、追认；但是，可以独立实施纯获利益的民事法律行为或者与其年龄、智力相适应的民事法律行为。"第二十条规定："不满八周岁的未成年人为无民事行为能力人，由其法定代理人代理实施民事法律行为。"上述规定中的"十八周岁以上""十六周岁以上""八周岁以上"都包括本数，而上述规定中的"不满十八周岁""不满八周岁"则自然不包括本数。

═ 2 ═
民法典关于其生效时间以及与相关法律的关系是如何规定的？

民法典第一千二百六十条规定："本法自 2021 年 1 月 1 日起施行。《中华人民共和国婚姻法》、《中华人民共和国继承法》、《中华人民共和国民法通则》、《中华人民共和国收养法》、《中华人民共和国担保法》、《中华人民共和国合同法》、《中华人民共和国物权法》、《中华人民共和国侵权责任法》、《中华人民共和国民法总则》同时废止。"该条是对民法典生效时间和相关法律废止的规定。

一部法律开始生效的时间通常分为两种情况：一是自法律颁布之日起生效，二是法律通过并颁布以后，经过一段时间再开始生效。民法典的生效时间属于第二种情况。民法典于 2020 年 5 月 28 日第十三届全国人民代表大会第三次会议通过，但生效的日期为 2021 年 1 月 1 日。

民法典生效施行后，婚姻法、继承法、民法通则、收养法、担保法、合同法、物权法、侵权责任法、民法总则等民事单行法律被民法典替代，因而同步废止。

此外，全国人大常委会副委员长王晨在十三届全国人大三次会议《关于〈中华人民共和国民法典（草案）〉的说明》中，指出："2014 年第十二届全国人大常委会第十一次会议通过的《全国人民代表大会常务委员会关于〈中华人民共和国民法通则〉第九十九条第一款、〈中华人民共和国婚姻法〉第二十二条的解释》，作为与民法通则、婚姻法相关的法律解释，也同步废止。"